澳門大學
UNIVERSIDADE DE MACAU
UNIVERSITY OF MACAU

Principal Tao Nam and Macau Education

澳门教育史研究丛书
总主编　郑振伟

郑润培　著

杜岚校长与澳门教育

中国社会科学出版社

图书在版编目（CIP）数据

杜岚校长与澳门教育／郑润培著 .—北京：中国社会科学出版社，2018.1
（澳门教育史研究丛书）
ISBN 978 - 7 - 5203 - 1549 - 4

Ⅰ.①杜… Ⅱ.①郑… Ⅲ.①杜岚—人物研究②教育史—研究—澳门 Ⅳ.①K825.46②G527.659

中国版本图书馆 CIP 数据核字（2017）第 288457 号

出 版 人	赵剑英
责任编辑	史慕鸿
责任校对	石春梅
责任印制	戴　宽

出　　版	中国社会科学出版社
社　　址	北京鼓楼西大街甲 158 号
邮　　编	100720
网　　址	http://www.csspw.cn
发 行 部	010 - 84083685
门 市 部	010 - 84029450
经　　销	新华书店及其他书店
印刷装订	北京君升印刷有限公司
版　　次	2018 年 1 月第 1 版
印　　次	2018 年 1 月第 1 次印刷
开　　本	710×1000　1/16
印　　张	12
字　　数	159 千字
定　　价	58.00 元

凡购买中国社会科学出版社图书，如有质量问题请与本社营销中心联系调换
电话：010 - 84083683
版权所有　侵权必究

时任国家主席江泽民视察濠江中学

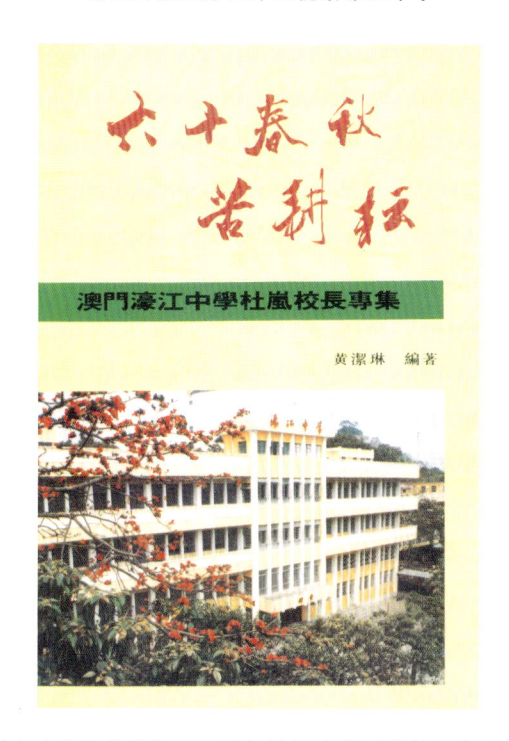

黄洁琳《六十春秋苦耕耘——澳门濠江中学杜岚校长专集》1995年

杜岚 1950 年

笔者对杜岚进行访谈

杜岚与家人

杜岚校长

澳门大学教育学院同仁与杜岚及濠江中学校长

濠江中学

《澳门教育史研究丛书》学术顾问

丁钢教授（华东师范大学）
王炳照教授（北京师范大学）
田正平教授（浙江大学）
汤开健教授（澳门大学）
刘海峰教授（厦门大学）
刘羡冰副会长（澳门中华教育会）
吴文星教授（台湾师范大学）
陈树荣理事长（澳门历史学会）
张斌贤教授（北京师范大学）
周谷平教授（浙江大学）
周愚文教授（台湾师范大学）

总　序

前言

《澳门教育史研究丛书》是澳门大学重点研究领域（University Key Research Areas）之一的"澳门教育史研究"项下"澳门教育史资料库五年（2008—2012）计划研究课题组"（RG-UL/07-08S/Y1/SWJ/FED）研究成果的发表园地之一。

这套丛书不论以史料选集、论文选集、校史选集、人物专书、研讨实录等形式出版，亦不论以中文、外文等文字呈现，率皆经过认真的撰稿或选稿、公开的发表与研讨、严谨的审查与修改、仔细的编辑与校雠等程序，方才付梓。

作为该课题组的主持者，本人特撰成此一序文，将该课题组自研究重点的确认、论坛平台的建立、课题组的正式成立、研究工作的展开等事项作成简要记载，以为备忘。

一　澳门教育史研究重点的确认

近年来，澳门大学在各位领导及全校师生的共同努力之下，试着将澳门大学办成一所"以高质量研究为基础的教学型大学"。职是之故，在优化教学以及增进教学效果的大前提之下，型塑校园研究文化，进而提升师生研究水平，乃成为澳门大学校务发展的重点之一。

作为五个基本学术单位之一的教育学院，亦充分配合此一重点，采取各种具体的做法，朝着此一方向渐次前进。为此，本院除了抓紧教学与服务的工作之外，还采取了下列三项做法：第一，鼓励师生勤研究、多发表，俾便整体提高研究绩效，累积本院师生的研究实力。第二，扩大办理各项学术活动，以增加本院师生发表研究成果的机会，进而提升研究的整体水平。第三，借着学术交流的强化，组成跨校、跨区的研究团队，以提升师生的整体学术生产力。这三项看似分立的做法，其用意实则仅有一项，就是：创造让师生有较多的研究与发表成果的条件，以便激发更多优秀研究成果的产出。

然而，本院毕竟只是一个成立才20个年头，专任教师总数40人左右的小型教育学院，平日所担负的职前及在职教师培训的教学与辅导、本澳政府机构委托的专题研究、本澳各级学校委托的各种咨询服务等任务既繁杂又沉重。若欲在如此繁重的工作压力之下，犹能集合有限的人力，以重点突破的方式，整体提升本院在教育学术研究方面的成效，就必须找寻若干能成为本院具有代表性的研究重点。于是，以融合中西文化而独具特色，且内涵丰富的澳门教育为突破"点"，以四五百年的历史为"线"，结合国内外教育史学者的力量，把澳门教育史的研究带向中国教育史的"面"，进而再把它带到整个世界教育史的"体"内，就成了本院近年来的研究重点之一。

二　两岸四地教育史研究论坛的建立

此一以澳门教育史为本院研究重点的构想，是在2005年下半年逐步形成的。2006年年初，在澳门大学研究委员会的经费资助之下，本院的若干同仁组成了研究小组，先尝试以本澳的梁披云、杜岚、邝秉仁三位老教育家为对象，一方面广为搜罗他们的著作及相关的文献或影像资料，一方面则针对其本人或家属亲友进行访谈，希望能为他们保留珍贵的史料，并经整理撰著而成为教育史的专文，流传后世。此一专题研究的部分成果，即构成了于2007年1月在澳门大学国际图书馆展出之"澳门教育史文献暨梁披云、杜岚、邝秉仁资料展"的主要内容。

配合此项展览，本院于2007年1月26日及27日，举办了"首届两岸四地教育史研究论坛"。来自海峡两岸暨港澳地区对教育史的教学与研究有兴趣的50多位学者专家，除了发表论文之外，还签订了一项以"本论坛以一年举办一次为原则"为主旨的备忘录。该备忘录载明了来自华东师范大学（2008年第二届）、北京师范大学（2009年第三届）、台湾师范大学（2010年第四届）、浙江大学（2011年第五届）、厦门大学（2012年第六届）的代表，同意于其后五年依次轮流主办是项论坛。

在此项论坛的基础之上，与会的海峡两岸暨港澳地区的教育史学界友人，咸对澳门教育史研究课题的正式立项，表示乐观其成，并且愿意采取下列两项实际行动，对该项目表示支持。

其一，与会的部分代表同意担任本研究课题立项后的顾问，提供其长期从事教育史研究的经验。这些代表包括了刘羡冰校长（澳门中华教育会副会长，长期以研究澳门教育史著称）、吴文星教授（台湾师范大学文学院历史学系原系主任，原文学院院长）、周愚文教授（台湾师范大学教育学院教育学系原系主任，现为教学发展中心主任）、张斌贤教授（北京师范大学教育学院院长）、丁钢教授（华东师范大学教育科学学院院长）、刘海峰教授（厦门大学教育研究院院长）、周谷平教授（浙江大学教育学院原常务副院长）、田正平教授（浙江大学教育学院原院长）、王炳照教授（北京师范大学教育学院原院长）。

其二，与会代表也同意，在每年举行一次的该项论坛之中，皆专设"澳门教育史研究成果发表"的节目。更有进者，上述诸位顾问皆同意参与该一节目，并且担任研究成果发表的审查工作。这样的安排，将会为本研究课题组的研究人员带来两方面激励的积极作用：一方面，为了参加此一论坛，本研究课题组的研究人员将会抓紧研究进度，并且认真撰写研究论文，因而有可能保障本研究的成果在数量方面的绩效；另一方面，以上诸位顾问皆会针对上述各篇论文，进行审阅并作成修改的建议，因而有可能确保本研究的成果在质量方面的绩效。

三　正式成立澳门教育史研究课题组

澳门大学为了鼓励资深绩优的教授组成团队，从事多年式、整合多方人力资源的研究，特别由大学的研究委员会（University Research Committee）于 2008 年 1 月开始设立大学层次的研究课题赞助项目（University Level Research Grant）。该类赞助项目有别于由各学院的研究委员会负责管控一般的课题赞助项目，而着眼于澳门大学的重点研究领域（University Key Research Areas）。这些项目直接由大学的研究委员会负责管控其研究课题的确认、人员的组成、经费的拟定、进度的掌握、成果的审查、成果的发表等环节。特别值得注意的是，该类赞助项目所要求的研究课题，应该是以与澳门大学的发展或是澳门社会的发展有密切关联者为优先考虑；又，在人员的组成方面，除结合各学院的人力之外，还应积极鼓励结合跨院、跨校、跨区域的研究人力，组成较强大的研究团队；而在经费的拟定方面，可以因为研究任务的需求宽予经费的资助，且在经费的支用方面也给予较大的弹性；至于进度的掌握、成果的审查、成果的发表等，亦皆予以较严格的管制。

配合此一新的做法，本院乃于 2007 年 10 月正式组成课题组，定名为澳门大学教育学院"澳门教育史资料库五年（2008—2012）计划研究课题组"。目前，该研究课题组的正式成员有：单文经（主持人）、张伟保（统筹主任）、杨秀玲、郑振伟、老志钧、黄素君、郑润培、郑祖基、杨兆贵、谢建成、王志胜、宋明娟、方炳隆13人。同时，并聘有顾问刘羡冰、吴文星、周愚文、张斌贤、丁钢、刘海峰、田正平、王炳照、汤开建9人。另外，亦将依研究进度，逐步自中国澳门、中国内地、中国香港、日本、葡萄牙等地聘请特别顾问，协助与指导本研究课题组的工作。

四　按部就班展开澳门教育史研究

本研究课题组将次第展开下列六项工作：

第一，资料搜集与整理。本研究课题组将在本澳、内地、香港、台湾及海外等地，从官方与民间两方面搜集与本澳教育史有关的资料及文物。除了搜集这些资料之外，还需针对部分档案资料进行必要的缀补，并且全部予以数字化。

第二，外文资料的中译。有待本研究课题组聘请专人翻译的书籍、档案、书信、手稿等资料，以葡萄牙文为最大宗，其次，则有日文、西班牙文、意大利文，至于英文的资料，则可以由本研究课题组的研究人员自行翻译。

第三，教育人物的访谈。本研究课题组将聘请专人针对一些对澳门教育具有影响与贡献，并且经历澳门教育各时期变化的教育工作者进行访谈，俾便补文献资料之不足，并且丰富本澳教育的史料。

第四，史料的编辑与出版。本研究课题组的研究人员将逐步把搜集而得的各项资料、外文资料的翻译，以及教育人物的访谈等史料，经过选择、比较、评析等程序，加以编辑。这些史料可依16、17、18、19、20世纪等编年的顺序加以编辑，也可依教育政策、教育理念、教科书、教学资源、学科发展等专题加以编辑。

第五，论文的撰写与发表。本研究课题组的研究人员将根据各项澳门教育的史料，撰写各式论文，并适时加以发表。这些论文的主题，可以是教育的事件，可以是教育的人物，可以是编年史，也可以是专题史；论文可以单篇发表，也可编为文集。

第六，研究成果的英译。本研究课题组的研究人员将拣选重要的研究成果，聘请专业人员翻译为英文，有些全书、全册或全文皆译，有些则以摘译方式处理。此一做法的目的在于将澳门教育史的研究成果传播于全世界，以便让国际学界人士亦能理解具有特色的澳门教育历史。

五 持续的投入与长期的积累——代结语

本研究课题组的研究人员，虽然来自内地、香港、台湾与本澳等不同的地方，但是，皆能秉持着"面向本澳、关心教育、全力投入"之共识，以及"历史研究的工作有待持续的投入与长期的积累"之理念，勤于搜集资料、整理分析、撰著论文，以便完成"澳门教育史资料库五年（2008—2012）计划研究课题组"所预定的各项任务。我们至盼各界人士不吝赐予各项协助、支持与指导，使这项任务的达成能更为顺利。

单文经　谨志

2008 年 12 月

Preface

Introduction

Studies of History of Macao Education Series provides a platform for the publication of research products by the "History of Macao Education Research Group" working on a five-year "History of Macao Education Research Project 2008 – 2012" (RG-UL/07-08S/Y1/SWJ/FED), which is included in the University Key Research Areas.

These research products are published, either in collections of selected papers, critical analysis of historical documents, or school histories, or in the form of profiles of personages or conference proceedings, either in Chinese or other languages, both by way of presentations at symposiums and conferences and through conscientious and meticulous reviewing, editing and revision processes.

As the principal investigator promoting and leading this research project, I write this Preface, briefing readers on how this project was identified as one of the University Key Research areas, how the Forum was established, how the research group was created and how our work has been proceeding.

1. History of Macao Education Identified as a Key Research Area

In recent years, with the concerted efforts of the leadership, staff and students, the University of Macau has been working hard to develop the University into a "teaching university based on quality research". Bearing this goal in mind, I take optimizing teaching and enhancing teaching effectiveness as my major task and at the same time boosting the research ability of teachers and students by nurturing a research culture on campus has become one of the tasks for the development of the University.

The Faculty of Education (FED), being one of the five fundamental academic units of the University, should make every effort and adopt suitable measure to advance in this direction. Specifically, in addition to teaching and community service, FED has adopted three measures: first, encouraging teachers and students to do more research and publish more so as to improve the overall performance and build up research strength; second, organizing more academic activities so as to create more opportunities for staff and students to have their research products published; third, creating inter-university or cross-regional research groups to increase the overall academic productivity. There is only one intention for the three measures, i. e., creating more opportunities and better conditions for faculty members and students to engage in research and get their works published, thus bringing about more and better research products.

However, FED is still a small faculty, with no more than 50 full-time staff members and a history of only 20 years. In addition to the pre-service and in-service teacher education/teacher training programmes at various levels, we are also entrusted by various government departments to carry out research projects on special topics, to provide consultation to various schools. Burdened by all this complicated and heavy work, we can only hope to make certain breakthroughs by searching for some key areas representative of FED and focusing our limited human resources on them. As a result, we have located the education of Macao as our starting point, traced it to a trajectory of four or five hundred years, incorporated the strengths and products of scholars in the field of history of Chinese education both inside and outside China and then integrate into the system of world education system. And this has become one of the key research areas for our faculty.

2. Liangan Sidi (Mainland-Taiwan-Hong Kong-Macao) Forum Created

In fact the idea that we were to focus our efforts on the history of Macao education was conceived in late 2005. In early 2006, with the financial support of the Research Committee University of Macau, research groups were formed to carry out oral history projects, choosing some renowned figures well in their nineties or even older, such as Mr. Liang Pei-yun, Ms. Tou Nam/Du Lan, and Mr. Kong Peng Ian, as our subjects of research. We set about collecting their works and publications, related documents and visuals while interviewing these veteran educators, their families and relatives. Our purpose was to preserve these precious historical materials and write papers on the history of education and then pass them on to posterity. Some of the products born of these efforts constituted the major content of "Exhibition of Historical Documents of Macao Education: Mr. Liang Pei-yun,

Ms. Tou Nam/Du Lan, and Mr. Kong Peng Ian" held at the University of Macau International Library in January 2007.

Coinciding with the exhibition was the 1st Liangan Sidi (Mainland-Taiwan-Hong Kong-Macao) Forum on History of Education, which attracted over fifty scholars interested in the teaching and research of history of education. In addition to paper presentations, a Memorandum was signed, stating that this Forum on History of Education is to be held annually, and hosted in turn by six universities. In accordance with the Memorandum, the 2nd Forum is hosted by East China Normal University in Shanghai in 2008, the 3rd by Beijing Normal University in 2009, the 4th by Taiwan Normal University in 2010, the 5th by Zhejiang University in 2011, and the 6th by Xiamen University in 2012. Then the Forum will come back to Macao again and go on with another cycle in this order.

Participants from both sides of the Strait, as well as from Hong Kong and Macao showed great interest in and expressed willingness to support the study of history of Macao education in two ways:

First, some of the delegates agreed to serve as consultants for our project, assuring quality with their long and rich experience in this field. They include Principal Lao Sin Peng (Vice-President of Macao Chinese Educators' Association, an old-timer in Macao education research), Prof. Wu Wen Shing (former Head of History Dept. and former Dean of Faculty of Arts, Taiwan Normal University), Prof. Chou Yu Wen (former department head, School of Education, and now director of National Taiwan Normal University Center for Professinal Development), Prof. Zhang Binxian (Dean of Faculty of Education, Beijing Normal University), Ding Gang (Dean of Faculty of Science Education, East China Normal University), Prof. Liu Haifeng (Dean of Education Research Institute, Xiamen University), Prof.

Zhou Guping (Former Dean of Faculty of Education, Zhejiang University), Prof. Tian Zhengping (former Dean of Faculty of Education, Zhejiang University), and Prof. Wang Bingzhao (former Dean of Faculty of Education, Beijing Normal University).

Second, it is also agreed that a special part of the annual forum is reserved for the presentation of research products themed on "History of Education of Macao". Furthermore, all the consultants listed above have agreed to participate in this project and serve as reviewers of the research papers before they are published. This arrangement is expected to produce two positive effects: first, it will stimulate the project members to speed up their work and write their papers conscientiously, thus increasing the quantity of research papers; second, the above consultants will review these papers and give comments and suggestions for improvement, thus ensuring the quality of research products.

3. History of Macao Education Research Group Officially Established

The University of Macau encourages senior professors with an excellent record of performance to form research groups and engage in perennial (multi-year) research projects incorporating various human resources. In particular, the University Research Committee created the University Level Research Grant in January 2008. The projects financed by this Grant differ from those at the Faculty level in that the University Level projects focus on University Key Research Areas. They are directly supervised and monitored by the University Research Committee, including the approval of project proposals, composition of the research group, funding, research progress, paper reviewing process, and publication of products. What is specially worth noting is that this Grant gives priority to research projects that help promote the development of the University of Macau and of the Macao society. Furthermore, in the composition of research groups, it encourages projects that integrate faculty members of the University with research members of other faculties, other universities and other regions to build up strong research teams. As far as funding is concerned, these projects are allowed more flexibility and given more generous support according to needs. However there is very strict control on research progress, reviewing of papers and publications.

To support this new policy, the FED officially created this research group, named "History of Macao Education Research Group" working on a five-year "History of Macao Education Research Project 2008 – 2012", in October 2007. There are 13 formal members in this group, including: Shan Wen Jing (Leader/Principal Investigator), Cheung Wai Po (Coordinator), Ieong Sao Leng, Cheng Chun Wai, Lou Chi Kuan, Vong Sou Kuan, Cheang Ian Pui, Cheng Cho Kee, Yeung Siu Kwai, Tse Kin Shing, Wong Chi Shing, Sung Ming Juan, and Fong Peng Long. The consultants are: Lao Sin Peng, Wu Wen Shing, Chou Yu Wen, Zhang Binxian, Ding Gang, Liu Haifeng, Tian Zhengping, Wang Bingzhao and Tang Kaijian. In addition, special advisors will be invited from Macao, Mainland, Hong Kong, Japan, and Portugal to assist and provide guidance to our work when needs arise.

4. History of Macao Education Research Work Progressing as Planned

Our work has been progressing as planned in the following six areas:

1. Collecting and sorting out data: Our group has been searching for data and objects/relics relating to the history of Macao education through both official and unofficial channels in the mainland, Hong Kong, Taiwan and overseas, as well as Macao. We also make necessary editing of some of the materials and turn all of them digital.

2. Translation work: We hire specialists to translate some books, archives, letters and manuscripts, most of which are in Portuguese and some in Japanese, Spanish, and Italian. English documents are translated by the group members themselves.

3. Interviewing renowned educators: The group will hire people to assist us visit and interview some selected personages who have exerted great influence and made important contributions to the education of Macao and who have experienced the changes of education in different periods, to complement and enrich the data collected.

4. Editing and getting the historical documents/materials published: The members of the research group will examine, select, compare, analyze and edit the documents/materials collected and their translations, from the 16th century to 20th century in chronological order, under the headings of Educational Policies, Educational Philosophy, Textbooks, Educational Resources, and Curriculum Development.

5. Writing papers and publications: The group members will write papers on a number of topics on the basis of data collected and get them published. The papers may focus on particular incidents of education, particular figures in education, in the form of annals or history, to be published either as separate papers of in collections.

6. Research products translated into English: The group will invite specialists to translate important products into English, maybe a whole book or whole paper, or just the abstracts, so that the world will know these products and through them become aware of the unique

characteristics of the history of Macao education.

5. Concluding Remarks: Continuing Commitment for Long-term Goals

The members of this research group, though they come from different parts of the world such as the Mainland, Hong Kong, Taiwan, as well as Macao, all agree that we should "Serve Macao, Care for and Dedicate Ourselves to Education" and uphold that history research demands continuous commitment and long-term accumulated efforts. We are determined to work hard, collecting data, analyzing data, and writing up papers to complete all the tasks required by the five-year "History of Macao Education Database Research Project 2008 – 2012". We sincerely look forward to the assistance, support and guidance from all walks of life to help us complete the project smoothly.

Shan Wen Jing
Professor and Dean
Faculty of Education
University of Macau
December 2008

(Translated by Prof. Ieong Sao Leng)

序 一

杜岚校长的百岁人生，平凡而伟大！

一面五星红旗，一颗教育雄心，编写了杜校长爱国爱澳忠诚教育的一生。杜岚之名，无论在其家乡陕西米脂，抑或是在其奋斗大半辈子的澳门，都是家喻户晓的。她自小聪慧，家贫磨炼她刚毅的性格，时代赋予她勇敢的胆色。她在黄土高坡进行反帝反封建宣传，被开除学籍；她不顾个人安危，尽心尽力营救革命同志；她在北京宣传抗日救亡，以致身陷牢狱；她为培养爱国救亡力量，随夫来澳致力办学；她为庆祝新中国成立，排除万难在澳门带领师生升起五星红旗；她先后被澳葡政府和澳门特区政府颁授劳绩勋章；她以卓越的治学成就被荣载《世界名人录》。她的事迹与成就，为人称颂。

她是农民的女儿，有着纯朴而真诚的品格；她是革命的勇者，怀着赤胆忠肝的报国心；她是学子的导师，以知识和爱心培育幼苗；她是学校的舵手，引导濠江中学逐浪向前。她平凡，艰苦朴素，勤俭节约，慈善敦厚，潜心教育。就是这名从西北农村走到濠江之滨的妇女，为澳门的教育事业谱写重墨浓彩的绚丽一笔。杜岚校长，不追求伟大而自成伟大，高风亮节，令人钦敬！

我深深怀念杜岚校长！作为她的亲属，亲身感受到她对亲人和后辈的无限关爱；作为她教育理想的追随者，感激她对自己的栽培与勉励。杜校长虽然与我们长辞了，但在我的生活和工作中，仍时常浮现她的教诲与身影。当我得悉郑润培博士编成《杜岚校长与澳门教育》一书时，感到十分高兴，也因此陷入了沉思。确实，杜校长是澳门近代教育史上一位标竿式的人物，见证着20世纪30年代末到21世纪初，澳门七十多年的教育发展历程。郑博士这本专著，娓娓述说着一位女教育家终其一生追求的教育梦，同时为研究澳门教育近代史提供了翔实而可靠的资料。

当我回顾杜校长灿烂一生的时候，耳闻目睹有关她的教育事迹，像电影一般在我脑海播放，历久弥新，每有感悟，导我前进。我不是作家，更不是历史学家，没有能力为杜校长的教育功绩作出总结和评价。但是，为郑博士这本专著写序，我是欣然接受的，一为感谢郑博士纪实之功，二为表达对杜校长怀念之情。

兹成此序，聊表心意。

尤端阳

序　二

《杜岚校长与澳门教育》是澳门大学教育学院郑润培教授费时多年写成的近十万言大作，本人拜读再三，对郑教授搜集资料之勤，以及撰写论述之谨，至深感佩。

杜岚校长于1936年由内地迁澳，1937年执教于濠江中学，并于当年年底兼任濠江中学附设免费女工识字夜校的主任，1947年接任濠江中学校长，2000年转任名誉校长，2013年辞世。七十七载的时光，杜岚始终在澳门办学，她与澳门教育发展关联之紧密，鲜少有人能与伦比；她未曾须臾离开濠江中学，所培育的澳门青年学生，遍布全中华，乃至全世界，因而所发挥之影响力，亦难有人可以企及。如今，郑教授将此一史实写成专著，让后人得以明了杜岚校长与澳门教育的历史联结，亦为澳门教育的一件美事。

本人于2005年至2009年担任澳门大学教育学院院长期间，为加强该院与澳门本地教育的联系，在澳门教育史专家刘羡冰女士的指导与澳门大学姚伟彬校长的协助之下，所推动澳门教育史的多年期项目研究之中，以澳门教育界的耆老为对象的研究，即是主要课题之一。此一专题研究，在同仁们的努力之下，除有二十余篇论文集结而成《澳门教育史论文集》（第一辑）（张伟保主编，2009年）及《澳门教育史论文集》（第二辑）（郑振伟主编，2012年）问世之外，并有《邝秉仁先生与澳门教育》（郑振伟撰，2009年）、《中国第一所新式学堂——马礼逊学堂》（张伟保撰，2012年）、《1940—1950年的澳门教育》（郑振伟撰，2015年）三册专著出版，如今郑教授所撰《杜岚校长与澳门教育》一书，再添一项研究成果。

  受到政治、社会、经济等历史因素的影响，澳门地区形成了以"三文四语"（中文、葡文、英文；普通话、广东话、葡语、英语）为教学语言的中葡学校、中文学校、英文学校，乃至以其他语言为媒介的学校等并存，而为举世少有的学校制度，固然值得注意；而其澳门的公私办学团体或个人，不为战事乱局所阻，不为政治经济压力所迫，百余年来兴学薪传不遗余力，许多可歌可泣之史实、可颂可扬之义行，有待大书特书者仍多。至盼更多有志之士，如同郑教授一样，加入澳门教育史研究的行列，继续为澳门教育的历史书写而努力。

单文经谨识
于台湾阳明山华岗
2014年11月15日

序　三

澳门大学教育学院郑润培教授新著《杜岚校长与澳门教育》即将付梓，可喜可贺！郑教授发来电邮说："2006年得教授之助得与杜岚校长进行访谈，今天书稿初成，正编排出版，恳请教授赐序。附档是该天访谈照片及该书内容。……本书可以出版，您功不可没……"

打开郑教授精心整理好的书稿文档，关于杜校长那传奇的一生，她的爱国爱澳的情怀和铮铮铁骨，她的杰出成就和对教育的卓越贡献，跃然纸上。特别是看到当年跟杜岚校长、黄枫华校长、尤端阳校长、单文经教授、本书作者郑润培博士以及本人的合照，脑海中不断出现老教育家杜岚校长的刚毅而又慈祥的笑脸，真是百感交集在心头。

我与杜校长相识于20世纪70年代，我初出茅庐，她是名校校长。作为晚辈，我对杜校长充满热爱和敬仰。虽跟她见面不多，甚至于初次见面时我还有些诚惶诚恐，但她都满腔热情地给我提点、指教和鼓励。我还留意到她也有幽默的一面。记得90年代有一天，我们邀请她来教育学院指导，她半开玩笑说："我不太喜欢去你们大学，上坡下坡的，连找个停车的地方都没有。每次去你们大学都是这样。我就对我的司机说，不去了，掉头回家！"虽有点儿说笑，我听了心里很不好受。如今的澳门大学完全变样了！澳门终于拥有一所美丽宽敞的大学校园，拥有一流的师资和设备，而且正在快马加鞭，努力向世界一流大学迈进，澳门大学将造福澳门人的子孙后代。杜校长在天有灵，一定开怀，向我们微笑。

同时，我的脑海中，也不断浮现另一位教育家的身影——他就是来自台湾的单文经教授！他也是我不能忘怀的杰出人物。2005年9月，单教授应聘从台湾来到澳门大学，担任教育学院院长，我应邀作他的副手。"新官上任三把火"，除了繁忙的日常教学、研究和行政领导工作，他还"轰轰烈烈地"为澳门教育以及教育史研究做了两件事。

其一，他对独特而又多元的澳门教育产生浓厚的研究兴趣，更为那些百折不挠、终身奉献教育事业的前辈们而动容。他决定并开始筹组澳门教育口述历史团队。他坚持让我"牵头"，实际上是他"牵头"，我"牵线"，趁当时这些教育前辈都还健在，对他们进行访谈，大家分工合作，收集、整理和梳理澳门教育史料和教育家的生平事迹。也许，没有他，教育学院不会抓住历史时机成立口述历史团队，也不能促使这些深藏不露、颇具能量的教育史学者的潜能得以发挥，从而持之以恒、笔耕不辍，撰写出亮丽的澳门教育家系列。

其二，为了薪火相传，开拓视野，深化研究，单文经教授又以极大的热忱发起和创办两岸四地教育史研究论坛，并于2007年在澳门大学成功地主办了第一届两岸四地教育史研究论坛。论坛上还达成协议，随后每年举行，由北京师范大学、华东师范大学、台湾师范大学、浙江大学、厦门大学这五所大学轮流主办，日前在澳门大学新校园刚举行了第八届两岸四地教育史研究论坛。虽然单文经教授因身体原因在2009年底回到台湾，但他一直关心和协助教育史研究论坛的工作，使这一大中华地区的论坛一直延续到今天，为教育史学家、教师和研究生提供了理想的平台，也推动和提升了教学和研究水平。正如澳门中华教育会刘羡冰校长会后所言："……多位元老级的教授王炳照、周德昌都去世了,热心的发起人单文经院长回台湾,继续不易,更难得的是论文的质与量还不断提升,内容向中外拓展,又深入整理不少历史经验教训。"也许,没有他,一年一度的两岸四地教育史研究论坛不能及时创办,也很难一直坚持到如今。

郑润培教授邀我写序,虽颇感受宠若惊,但在那厚重的历史感驱使下,又出于对教育的承传与创新的关注,对前辈教育家的景仰和怀念,情系祖国,情系濠江,我愿一如既往,尽力而为。是为序。

杨秀玲

写于 2014 年 12 月 8 日

目 录

前言 …………………………………………………… (1)

第一章 早年生活与投身教育事业 …………………… (1)

第二章 抗战时期 …………………………………… (14)
  一 抗日战争前夕的澳门教育概况 ………………… (14)
  二 抗战时期的澳门教育 …………………………… (16)
  三 濠江学校的发展 ………………………………… (23)
    （一）维持濠江中学，尽力提高教学水平 ………… (24)
    （二）宣传抗战 ……………………………………… (39)
    （三）动员、组织民众，参与领导抗日救亡团体
         开展工作 ……………………………………… (41)
    （四）组织领导回乡服务团深入内地，支援内地
         抗战 …………………………………………… (42)
    （五）建立阵地、开展活动 ………………………… (44)
    （六）以澳门为桥梁，抢救爱国人士 ……………… (44)
    （七）在珠海开展的抗日活动 ……………………… (45)

第三章 中华人民共和国成立至二十世纪五六十年代 …… (48)
  一 中华人民共和国成立前后 ……………………… (48)
    （一）中华教育会 …………………………………… (50)

（二）学校发展方面 …………………………………（54）
　二　五十年代的濠江中学 ………………………………（55）
　三　六十年代的濠江中学 ………………………………（71）

第四章　二十世纪七八十年代 ……………………（75）
　一　教育需求方面 …………………………………………（77）
　　（一）小学学位方面 ……………………………………（80）
　　（二）小学学生总人数的变化 …………………………（84）
　　（三）中学学校数目的变化 ……………………………（86）
　　（四）中学学生总人数的增长 …………………………（90）
　二　教师方面 ………………………………………………（93）
　　（一）教师数量 …………………………………………（93）
　　（二）教师素质 …………………………………………（95）
　三　教育资源 ………………………………………………（97）
　　（一）澳门政府对教育投资的承担情况 ………………（97）
　　（二）教育资源分配情况 ………………………………（98）
　四　教育政策 ……………………………………………（101）
　　（一）资助不牟利私校 ………………………………（101）
　　（二）增加对私校的规范 ……………………………（103）
　　（三）解决"三化"问题 ………………………………（105）
　五　濠江中学的发展 ……………………………………（109）
　　（一）校舍方面 ………………………………………（110）
　　（二）教师素质方面 …………………………………（110）
　　（三）教学设备方面 …………………………………（110）
　　（四）学生方面 ………………………………………（111）
　　（五）校风方面 ………………………………………（111）
　　（六）教学法方面 ……………………………………（112）
　　（七）课程方面 ………………………………………（112）

第五章　二十世纪九十年代 …… (115)
  一　澳门教育制度纲要法 …… (117)
    (一)统一学制 …… (118)
    (二)教学语言 …… (120)
    (三)学前教育 …… (122)
  二　义务教育 …… (124)
    (一)实施过程 …… (125)
    (二)实施的内容 …… (126)
    (三)义务教育的成效 …… (130)
  三　兴建新校舍 …… (131)
  四　人力资源方面 …… (133)
  五　学额不足 …… (137)
  六　课程与教科书 …… (140)

第六章　杜岚的教育思想 …… (146)
  一　重视爱国教育 …… (146)
  二　教书育人 …… (149)
  三　重视妇女教育 …… (151)
  四　重视教学专业 …… (152)
    (一)建立强大的队伍,充实教学力量 …… (152)
    (二)四处学习取经,吸取养分 …… (153)
    (三)锐意教学改革 …… (154)
  五　教育为劳苦同胞服务 …… (154)

第七章　结语 …… (156)

附录　杜岚校长大事年表 …… (159)

前　言

　　杜岚校长原名杜芳铭，又名杜晓霞。1914年生于陕北米脂，1936年与黄健结为伉俪，当时黄健已接任澳门濠江中学校长，于是夫妇俩到了澳门。杜岚以不畏山岚瘴气的伟大气魄的含意，改名杜岚。她自1947年开始肩负起濠江中学校长的重任，以"忠诚、勇敢、勤劳、朴素"为校训。主持校政期间，在有限的办学条件下，不畏艰辛，极力提升教学水平及素质。1949年10月1日新中国成立，杜岚带领师生在学校升起五星红旗，坚持爱国爱澳的办学宗旨，为国家、为澳门培养了无数优秀人才。在澳门社会贫困的50年代，杜岚与师生为了澳门教育的长远发展，用双手共建濠江校舍，把中学部扩迁至今校本部现址，并创办高中部及简易师范班。到了80年代，因为大批新移民涌入澳门，而学位不足，儿童失学问题日趋严重。为了解决学生的就读问题，杜岚创澳门学校开设下午班先河，增加学位，让更多学生有机会入学。20世纪80—90年代，濠江中学的发展更快，在社会上的声誉日隆，但杜岚并不满足于当时状况，能够顺应社会潮流，锐意教学改革，进一步提升教学素质。1996年更设立氹仔分校。2000年转任名誉校长。前澳葡政府和澳门特区政府也先后授予杜岚教育功绩勋章。

　　经过几十年的教育生涯，杜岚把濠江中学发展成为一所极具规模的学校，为澳门培养大量杰出人才。精英辈出，自1992年濠江中学开始评选校友精英。1992年评出校友精英达75人，1997年评出校友精英达55人，2002年评出校友精英达61人。其中更包括澳门立法会议员、澳门终审法院法官、澳门初级法院院长、澳门廉政专员、澳门特别行政区行政会委员成员、澳门工会联合总会副会长等。学校办学成功，班级不断扩张。由1832年创办时，仅设初级小学，到了近几年，发展为一所包括幼稚园、小学、初中、高中的学校。全校班级超过167班，教职工约有400人，学生人数超过8780人。而大部分的高中毕业生均可以进入高等院校深造，包括进入清华大学、北京大学等国内高校，可见杜岚教育思想的价值和成效，对澳门教育的影响极大。

2000年，杜岚在濠江中学转任名誉校长，国家主席江泽民在该年亲临濠江中学与她见面。杜岚校长对澳门教育界的贡献，大众有目共睹，而她的教育理念及事业，亦是爱国爱澳精神的具体表现，本书试把她的教育事业与思想整理出来，以供晚辈学习，并借此丰富澳门教育史的研究。

第一章

早年生活与投身教育事业

杜岚校长原名杜芳铭，又名杜晓霞。1914年生于陕北米脂黄土高原红崖圪村，后来进入乡村附近的桃镇小学上学。1925年，转学去米脂石坡女高小读三年级。1928年秋，杜岚的堂叔杜立亭先生从北京回乡，在米脂开办三民二中，该校设在李自成大庙内，她跳级考进了这所中学。这几所学校，思想自由，政治气氛活跃，例如米脂石坡女高小便是由北京师范大学毕业的高佩兰女士创办的新型学校，三民二中亦曾发动群众，打倒土豪劣绅，反帝反封建军阀，抗捐抗粮抗税抗高利贷。杜岚就读期间加入了青年组织，参加了政治活动。她的爱国主义，反帝反封建，争取自由民主的思想，便是在这时打下基础。[①]

1929年秋，她转到榆林，入读陕西省第三女子师范学校，在张德生等人领导下，继续开展反帝反封建活动，行动更为积极。曾支持榆林职中的学潮，参加了该校的罢课活动，向校方提出反封建教育，被称赞是"坚强勇敢的新女性"。1930年9月下旬，不畏危险地参加营救陕北特委书记张德生，被誉为"陕北最勇敢的女孩"。后来，转到绥德陕西省立第四师范就读，经常

---

① 高万泉：《从黄土高坡走来的教育家》，陕西省榆林师范学校《师范群英光耀中华》第10卷。引自黄洁琳《六十春秋苦耕耘——澳门濠江中学杜岚校长专集》，1995年，第153页。

上街和下乡进行宣传。后来，学校被政府查封，杜岚便转到了瓦窑堡女子高小担任教师，学校是游击队的联络站，杜岚在这里肩负维持联络的任务。1932年春天，她又转到山西省汾阳铭义中学就读，成为校内爱国活动骨干和活跃分子。这个时期，她接触的革命活动愈来愈多，因此强化了自己反帝反封建决心，同时亦建立起大无畏的精神。①

1933年秋天，杜岚来到北京，同抗日救国团体取得联系，不久便进入北京平民大学附中和中国大学教育哲学系学习，期间积极参加"反帝大同盟"和"互济会"的活动。1934年春天，被北京警备司令部逮捕扣押，后被送往苏州反省院。她在狱中得到同志的支持，而狱中的生活使她更了解国家面对的形势，使她更明白反帝反封建的重要，并因此坚定了革命的理想。

1935年杜岚参加了号称"七君子"所领导的全国各界救国联合会的活动。1936年8月，她与黄健结为伉俪，此时黄健已接任澳门濠江中学校长，于是夫妇俩到了澳门。来澳门后，即进入澳门镜湖医院柯麟院长主办的"救护训练班"学习。她以不畏山岚瘴气的伟大气魄的含意，把原名晓霞改为杜岚，从此扎根于澳门。

镜湖医院护士学校创办于1923年秋，护校的设立得从镜湖医院说起。根据校史资料，镜湖医院创办于清同治十年（1871年），是由澳门的坊众侨团、名流商贾集资建立的，是澳门华人自己创办的规模最大的慈善机构。1892年，孙中山先生曾任该院的义务西医，这所医院从此中西医兼备。

1919年，留医所建成后，留医病人逐渐增多，护理工作繁重，于是有了创建护士学校的提议。护校于1923年创办时，名为"镜湖高级护士学校"，学校开始时的规模很小，最初的18

---

① 高万泉：《从黄土高坡走来的教育家》，陕西省榆林师范学校《师范群英光耀中华》第10卷。引自黄洁琳《六十春秋苦耕耘——澳门濠江中学杜岚校长专集》，1995年，第155页。

年才办了8届，毕业生合计只有48人。

据镜湖医院护士学校第十一届学生李铁所说：1935年秋，广州名医柯麟举家迁至澳门，开办诊所，挂牌行医。他医术高明，医德高尚，对穷苦病人收取低廉费用，特别困难的病人则给予免费医疗，深受澳门居民的赞赏。

柯麟1926年就秘密加入了中国共产党，长期从事党的地下工作，后来他接受八路军驻香港办事处主任廖承志的建议，设法进入镜湖医院，帮助改善医疗条件，为穷苦病人服务，并借此掩护共产党的地下工作。柯麟根据医院的需要，先义务为护士讲课，帮助他们提高业务水准；后又当义务医生，每天上午到医院义务诊病，下午才回到自己的诊所开诊，收取低廉的费用，以维持家庭生活。①

濠江中学创建于1932年，首由黄仁辅校长主理，向以爱国、为社会培育人才为宗旨。创办之初，仅设初级小学于见眼围，没多久便迁往天神巷十六号。1935年由黄晓生（即黄健）接任校长，并由黄仲榆为董事长，黄柱记、黄豫樵、黄渭霖、黄福隆、黄汉兴等组成校董会。在黄校长的积极推动下，校务发展很快，数年间发展为完全小学。并于1936年开设初中一年级，学生达二百余人。濠江中学当时的办学条件并不理想，据一位曾在濠江中学任教的老师回忆：

四十多年前，即一九三六年，正当抗战前夕，我初到濠江中学教书。

濠江中学那时设在天神巷十六号，是一间古旧的房子，地方湫隘、潮湿，光线也不很够。

那时，濠江中学校长是黄晓生（黄健），教务主任是黄

---

① 李铁口述，李冬执笔：《珠江纵队战士李铁回忆录》，暨南大学出版社2009年版，第57—58页。

一峰，事务主任是杜君恕，老师有周筱真、张五美、黄锡勋等，以后又增加了郑冷刃（郑少康）、梁道平、陈雪等老师。

在开办初期的濠江中学，名为中学，实际上只有一班初中一，其余六班都是小学，全校学生仅一百多人，学生大多数是工人、小贩的子弟（那时的小贩，经济情况很差，绝不能同今天的小贩相比）。①

杜岚的教育理念及处理濠江中学事务的原则，与丈夫黄健有莫大的关系，深受黄健思想所影响。黄健原名黄如诚，字晓生，1906年出生于广东省香山（现名中山）县长洲乡，父亲黄佩秋是长洲乡烟洲小学教师，他和该校校长黄仲衡、教师毛泽荣都具有爱国思想。因为仰慕孙中山先生领导的民主革命运动，被当地的土豪劣绅、民团团长黄芷赏所陷害，向当时盘踞在两广地区的军阀陆荣庭、龙济光诬告他"勾结革命党，图谋不轨"，因而被捕入狱。当时黄健年仅十余岁，母亲在贫困苦难中病逝了，被逼辍学。家庭的悲惨遭遇，使他非常仇恨土豪劣绅和社会的黑暗专制，随后在进步思潮影响下，萌发了反封建、解放受压迫人民的革命意愿。

1925年，黄健依靠亲戚的资助，在中山县立中学读书。中山县在中国共产党领导下，相继组织了"新学生社"和"县学联"，黄健在五四运动的思潮影响下，积极投身于工作中，成为学生运动领导人之一。他曾参加广东省学联第一次学生代表大会，被选为省学联第一届执委。

1926年春，黄健到广州参加青年训育员养成所第一期学习，同期来自中山县的还有刘广生、高宗濂等5人。这一期学习的学员共约50多人，学习的内容主要有《形势与任务》、《中国社会

---

① 濠江旧侣：《回忆天神巷时期的濠江》，《濠江中学五十周年校庆纪念特刊》。

各阶级的分析》、《中国近百年史》、《青年工作》、《农民运动》等。养成所由毛泽东、周恩来、恽代英、萧楚女等人亲自向学员讲课。黄健在学习期间，不仅按课程努力学习，还积极参加社会调查、宣传革命道理等活动。他和两位学员曾一起得到了毛泽东的接见，毛还介绍他们阅读革命理论的书刊，其中有《向导》、《政治周报》、《中国青年》、《农民运动》等。黄健热衷学习，如饥似渴地攻读马克思主义理论，为开展革命工作增长智慧和力量。后来，他每当追忆青年训育员养成所这一段生活时，总是深情地说："青年训育员养成所规模虽然不大，开办时间也不长（只办了两期），但是，它却凝结着领袖毛主席和敬爱的周总理的心血，记录了他们早年在广州从事革命活动的历史功勋。"

1925年广州、香港工人为支援上海五卅运动举行大罢工，成立省港罢工委员会，运用罢工、排货、封锁三个方法与英国人进行斗争。在严密封锁下，香港成了死港。为广东地区统一，为北伐战争胜利创造了有利条件。大罢工开始后，黄健被推选为中山县工农商学兵联合委员会的常委。他以实际行动积极支持省港工人反对英国侵略的斗争。他组织农民自卫军，兼任了队长和该队训练班的政治教员，曾带领农民自卫军缉获奸商走私的一批白银，如数送交省港罢工委员会，由该会委员长苏兆征的秘书李少石收转。

1926年4月，黄健在青年训育员养成所结业后，回中山和刘广生、高宗濂、黎奋生等十余人，在中山县中学成立新学生社中山分社，向青年学生及教师开展宣传教育工作，不久，逐步扩展到青年工人、农民。为了反对帝国主义的文化侵略，反对封建主义的教育，他发动了一场在中山史无前例的"择师运动"，驱逐一个洋奴态十足的物理教师，清除学校领导中的反动势力。这次运动由于领导核心黄健等人的斗争坚决和中山社会舆论的支持，迫使当时任中山县长的黄居素出面调解，调走了中山县中学校长林笋，开除了那位物理教师，恢复了12位曾被开除的学生的学籍，轰轰烈烈的"择师运动"才告一段落。黄健在教育界推行的改革运动，与杜岚在榆林职中参加的学潮，有些不谋而合，反映出双方的教育理念十分相若。

1927年，广州国民政府开始北伐，到了4月，蒋介石下令解散了受共产党控制的第二十六军第一、第二两师政治部，又查封了总政治部上海办事处。在上海发动了四一二反革命政变。4月12日将共产党组织的上海总工会纠察队3000人缴械，开始清党。13日，上海总工会宣言全面罢工，并号召群众攻击二十六军第二师司令部，但遭到军方还击，除击毙者外，捕获九十余人。驻军宪警分别搜查上海特别市临时市政府、上海特别市党部、上海学生联合会等受共产党控制的机关，先后捕获共产党员千余人，处死汪寿华（上海总工会委员长）、罗亦农、陈延年、赵世炎等重要人物。4月15日，国民党中央执监委在南京开会，议定政府定都南京。17日中央政治会议决定国民政府于18日开始在南京办公，推胡汉民为主席，并正式接受中监委4月2日在上海通过的查办共产党员案，首批被通缉者有鲍罗廷、陈独秀、谭平山、林祖涵、于树德、毛泽东、刘少奇、张国焘、瞿秋白、刘伯诚、徐谦、邓演达等197人。继上海、南京地区以后从事清党的是广东，广东在李济琛的主持下于4月14日开始采取清党行动，曾与共产党发生武装冲突，共产党被捕者二千余人，死者二百余人。4月26日，中央常会决议通令各级党部彻底实行清党，5月7日，国民党中央清党委员会成立，旋公布"清党条例"，并于军队、海外及各省组织清党委员会，于是东南各军、海外及浙江、福建、广西、安徽、四川等省，均实行清党，各地共产党员或被杀，或被拘，或逃匿。①

当时，黄健同志和几位同学组成了中山革命行动委员会，李

---

① 张玉法：《中国现代史》下册，台北：东华书局1994年版，第406—407页。郭廷以：《近代中国史纲》下册，香港中文大学出版社1980年版。

华照、韦健、陈秋鉴、冯光、王器民为委员，领导中山武装起义，准备配合广州的起事行动。中山革命行动委员会根据上级指示，一面派人到农村进行集聚武装力量的工作，同时研究发动驻中山的国民党部队三十九团武装起事问题。经研究决定，由该团政治部主任王器民（革命行动委员会委员之一）负责争取该团为参与武装暴动的骨干力量，并以一度表示支持起事行动的代理团长周景臻为主要争取对象。可是，由于广东在四一五反革命政变发生后，形势逆变，周景臻已动摇。当负责联络的代表人员前往该团部商洽起义的具体行动时，周景臻竟将代表和王器民一起拘捕起来；同时立即调兵到卖蔗埔镇压起义农民。当时黄健正集结农民自卫军，在卖蔗埔准备起事行动，俟发觉被驻军包围后，才愤然展开了激烈的战斗。此役伤亡颇大，黄健在阵上被捕，被押往广州番禺监狱，这是他第一次被捕。

黄健在狱中，因张发奎带兵回广东，赶走桂系军阀，形势混乱，数月来，均被置于候审中。1927年12月11日拂晓前，继南昌起事之后，又爆发了广州起事。顷刻间，枪声四起，人声鼎沸，黄健乘混乱之势，号召难友们合力砸破牢门，冲出监狱。

第二天，黄健奉命回中山发动农民自卫军来广州支援。因内河航道均遭封锁，他只好绕道澳门，但抵澳门时，广州起事部队已告失败，部分参加的人员也随之来到澳门。与数位知己商谈后，黄健萌发了留学日本学习军事的思想，他当时认为只有掌握军事技能，才可以打败敌人，得到侨居秘鲁的大哥黄其乐和在美国的姑姐支持资助，未几成行。

1928年春，黄健抵达日本神户，同船前往的有杜君慧（女，全国有名女作家）。他在先抵日本的潘兆銮的帮助安排下，先在成城日语速成学校学习。与他一起的有麦毓棠、陈曼云（女，曾在中央侨委工作）、司徒慧敏（曾任中央电影局局长）、罗坤泉（又名罗锦坤，曾任广东民政厅科长）、王明（女）、黄锡榆等同志。在东京，为了团结更多的华侨、留学生，他们组织了社会科学研究社，开展了研究马列主义理论活动，黄健积极参加。

同年秋，黄健进入日本士官学校预备班专学军事，和他一起学习的，有西北军将冯玉祥的儿子冯洪国和其妻舅及一大批西北军官。黄健通过成立西北军官俱乐部，运用各种联谊活动的形式，和他们交流思想感情，积极开展团结、争取、教育工作，这对以后西北军的分化和反蒋活动，起了一定的作用。

1931年夏秋间，黄健从日本转抵上海，住在旧法租界霞飞路一间公寓里，过去和他在中山一起工作的谭思文（曾在上海艺术学院工作）等人在闸北办了爱群小学。他们研究决定由黄健担任校长，并参加全国反帝大同盟的宣传工作。黄健在小学附设免费的女工夜校，招收广东中山县籍的女工入学，利用这一阵地，向饱受压迫和剥削的女工进行教育宣传工作，在闸北一带地区打好群众基础，以更有利于开展反帝大同盟的活动。为了搞好同盟活动工作，黄健在白色恐怖的上海，先后被捕三次，度过两年多的铁窗生涯，受尽帝国主义者和国民党的严刑逼供。

黄健从南京出狱后，1934年年底到了澳门。他一面开展抗日工作，一面兴办教育事业，以培育人才，提高民族素质，振兴中华为己任。他决定团结争取有利的社会关系，集资办学。当时有社会热心人士黄仁辅等人于1932年创办了濠江中学暨附属小学，黄仁辅成为首任校长，教务主任是马若彬，训导主任黄子华。可是，创办人等在创校不久先后离开澳门，或改从事其他工作，于是1935年2月1日将该校正式移交黄健接办，并郑重地立了一纸约据，提出"接办之后益加努力，使学校日臻发达"的奋斗目标。濠江先后在广东省教育厅、中国侨务委员会教育部立案；并在澳门葡政府注册。[①]

黄健愿意在澳门接手兴办教育，除了他自己具有教育的热

---

① 黄健同志革命的一生编辑组：《黄健同志革命的一生》，及刘羡冰编著《二十世纪澳门教育大事志》，刘羡冰出版，2002年，第77页。

忧外，澳门教育发展的特殊情况，对他也有一定的影响。澳门的教育转变与中国的教育发展息息相关，成为教育改革，甚至是宣传政治改革者的一个基地。无论是维新派、革命派，还是一些有志于振兴中国的仁人志士，都试图在澳门落实教育救国的理想。光绪二十四年（1898）晚清进行的维新变法，开始了对澳门传统教育的冲击。因为这个改革是由上而下，废除沿袭数百年的八股取士制度，对广大的士子产生极大震撼。虽然变法失败，但参与其中的陈子褒（1862—1922）来到澳门办学，把改革的理念在澳门落实，迈出了澳门传统教育现代化的第一步。

陈子褒是广东新会人，清光绪十六年（1890）在广州设帐讲学，光绪十九年（1893）乡试中举，与康有为同科中举人，在此期间成为康有为的万木草堂弟子。光绪二十一年（1895）在北京会试期间参加"公车上书"，投身变法维新运动。戊戌变法失败后，逃亡日本，顺道考察日本教育。他把教育视为救国的主要途径，教育的目标在培养新国民。光绪二十五年（1899）从日本回国，在澳门荷兰园正街八十三号创办一所小学[①]，初名蒙学书塾，后改名为灌根书塾，继改称子褒学塾。他的胞弟在邻近地方设立子韶学塾。兄弟分别招收高初两等学生。陈子褒本身虽是科举出身，但属维新派人物，首先提倡用浅易白话文教学。他自编妇孺浅说教科书数十种，故自号为"妇孺之仆"。

陈子褒联合卢湘父等人，在澳门成立了中华教育学会，会所设立在蒙学书塾内。不久，陈子褒将该会改为蒙学研究会。该会章程规定："会以研究蒙学为名，此外概不之及，即教育中之中学条理亦姑置之"；而且，规定互相讨论问题的人限于正在从事

---

① 据夏泉、徐天舒《陈子褒与清末民初澳门教育》注6，以陈子褒自己文章所述为依据，指出刘羡冰《澳门教育四百年》所载的1899年有误，子褒学塾的创办时间当为1901年。澳门大学澳门研究中心编《澳门研究》第22期，2004年6月。

蒙学教育者①。该会经常在报纸上以问答形式讨论有关儿童教育的问题。

陈子褒学塾,当时在澳门享有很高的声誉,学生人数达百余人。上课地方不足,则迁往龙嵩街,后再迁荷兰园二马路,更名为灌根学校。而子韶学塾则迁往皮梓堂街国华戏院现址,改名为澳华学校。二校为澳门作育英才,不少时贤硕彦出于子褒学塾之门,如:冼玉清、李应林等辈,比比皆是。

戊戌变法失败后,陈子褒一度参加保皇会。据说,他到澳门创办学校,本来是想为康有为的勤皇建立一个基地。陈子褒编印了一些称为"三字书"、"四字书"、"五字书"的国文课本,来代替旧的"三字经"等,有意识向学生介绍康、梁的维新思想和保皇观点。例如"三字书"中就有"戊戌年,朝政变,康有为,一出现",和"光绪皇,好皇帝,愿我皇,万万岁"的句子。"四字书"、"五字书"的内容都是根据康、梁的学说和游记来介绍西方的科学和外国风土人情。这些课本当时曾被港澳甚至广州一些学校所采用。但在光绪二十六年(1900)以后。陈子褒的思想发生了变化,脱离了保皇会的政治活动。他甚至在革命党人的《中国日报》发表文章,表明自己反对光绪皇帝复权、反对君主立宪的政治态度②。不过,陈子褒并没有转而成为革命党人,他选择了教育救国的道路。

光绪二十六至三十年(1900—1904),他接受当时在澳门的格致书院汉文总教习锺荣光的邀请,主讲该校的暑期国文讲习班。其后,格致书院发展而成岭南大学,他的一些学生在岭大任教,对提高岭大的中文教学水平做出了贡献。在澳门期间,他还率领弟子先后创办了培根平民义学、赞化平民义学、灌根劳工夜学。1918年,他把学校迁往香港,名为子褒学塾,后又改名子

---

① 《蒙学研究会章程》、《文言报》第10号,广告栏。
② 陈子褒:《论光绪帝之复权》,《陈子褒先生教育遗议》,第108—109页。

褒学校。1921年，他在香港开设了子褒女校，后来又联同其他人创办了培道联爱会工读义学。他一生致力于教育事业，1922年病逝。

陈子褒开澳门教育风气之先，同期，一些教学较为新式的改良书塾亦相继出现。著名的有创办于清光绪二十七年（1901）崇实书塾。书塾初在卖草地街租得二楼两座，学生仅得十余人。课程专授经、史、书、算，课余之暇，偶然以爱国歌曲，教授学生演唱。于民国元年（1912）迁往天神巷三十七号（即宋氏大屋），学生随增至百余人，分高初两级，按民国当时学制，改名为"崇实初等高等小学校"。

不久，清政府施行新政，全面推行学堂政策。清光绪二十八年（1902）公布《壬寅学制》，规定各级各类学堂的培养目标，修业年限，入学条例，课程设施等。光绪三十年（1904）公布《癸卯学制》，对各级教育，从宗旨目标到学校管理、教学方法、仪器设备等，都有详尽的规定。并通过光绪三十一年（1905）发布停科举，使传统教育观念的转变加剧，亦使新式学堂的发展加速。澳门受到影响，开始有新式学堂出现。

同盟会为宣扬革命思想，推翻满清统治，亦在澳门创立学校，让同盟会会员来澳门时有根据地，遂于光绪三十四年（1908）在澳门创办"培基两等小学堂"。学校校长潘才华早年留学日本，在东京加入同盟会。但潘才华回国后主要忙于商务，并没有积极参加同盟会的活动，对于学校事务也不大过问。正式负责该校务的是同盟会会员谢英伯。培基两等小学堂是当时港澳两地唯一曾获得清政府核准立案的学校。清末华人小学是九年制，分高级和初级两等，主要学习《四书》及《五经》后便可以毕业。学生年龄一般也比较大，高年级学生多数为16—17岁，甚至到22岁。学生共有一百余名。该校也使用子褒学塾一样的课程与教科书。同盟会会员区大球、王岐生、陈峰海、李醒魂、刘卓凡等先后到校演讲。由于演说会不断宣传革命，澳门当局得悉后开始干涉学生行动，演说会被迫停止举行。①

华商学堂是维新人士在澳门首创，他们在港澳间，或办报刊，或办教育，借以宣传维新宗旨。学堂以德智体群并重，具备现在学校之形式，与传统的学塾不同。一般的学塾只是一二名老师宿儒所设之训馆，收徒教学，只授经学古文，间或兼教珠算信札，属于守旧派人士。

华商学堂创于清朝宣统初年（约1909），设立在天神巷三十七号。屋旁开辟草地广场，设置有秋千架，运动仪器等，供学生体操运动及游戏之用。学堂按各学生的程度，分编为甲、乙、丙、丁各班，不分年级。全学堂的学生人数约有一百余名，以当时澳门人口而论，学生人数亦不算少。所授课程除当时的新式读本以外，仍要攻研经学训诂等等。图画、唱歌、体操、游戏等科亦有设立。华商学堂在澳门不过如昙花一现，只有一两年时间便结束。原因是当时有一名学生因练习秋千而跌毙，使所有学生家长害怕其子弟嬉戏会遭遇不测，又认为图画唱歌、体操游戏是荒废学业之举，所以纷纷退学。

在此期间，很多有志之士在澳门兴起办学热潮，如：1914年，热心英文教育者，如蔡克庭、郭杓、区利仁，发起成立"树学会"的组织，开办"澳门英文学校"（简称为 M.E.C）。该校学制是依香港学制，设有由 Form1 至 Form5 各级，高级完全用英语讲授。且于每年派学生参加香港大学堂会考之初级试和本级试等。及至1912年，该校更谋发展，扩充加设汉文小学部，校名改为澳门英文、汉文学校。又如1923年吴寄梦办励群小学，陈公善办陶英小学，1928年廖奉基的粤华中学从广州迁来澳门，

---

① 冼玉清：《澳门与维新运动》，林亚杰《广东文史资料存稿选编》第 6 册，第 620 页；赵连城：《同盟会在港澳活动和广东妇女参加革命的回忆录》，全国政协文史资料委员会编《辛亥革命回忆录》第 2 册，第 302—306 页；何伟杰：《澳门与中国国民革命研究：1905 年至 1926 年》第 2 章，香港中文大学历史系博士论文（未刊稿），第 84—85 页。

其他如濠江小学、知用小学、致用小学、佩文小学、宏汉小学、华仁中学、中善中学等，澳门的教育完成了由传统过渡到现代的转变。

澳门教育发展的特殊性及改善性，对黄健投身澳门教育工作有一定影响，而他一方面振兴濠江校务，一面继续革命工作的决心，亦是由此得到启发。黄健掌管学校之始，首先确立了办学方针和宗旨，要为广大的劳苦同胞子女服务，培养学生成为爱祖国、爱人民的有用人才。他先组成以黄仲榆为董事长，黄桂纪、黄豫樵、黄渭霖、黄福隆、黄汉兴等为董事的校董会，作为后台支援。同时团结一批年轻有为、热爱祖国、同心同德的教师，尽力办学，在教育前线发挥效能。当时的教师有黄一峰、杜岚、张铁柔（张阳）、陈雪、曾枝西、黄瑞坤、周筱真、郑冷刃（郑少康）、区白霜（区梦觉）等，他们都抱着献身教育事业，为国家为社会培育人才的志愿，全心全意投入工作，安贫乐道，不避艰苦，不计报酬。办校初期经济困难，没有教具教师动手做，没有教材自己编，没有图书四处请亲友捐助，或是剪剪贴贴、自编自制装订成"画报"，供同学们阅读。黄健和全校教职员工，以"忠诚勇敢、勤劳朴素"为校训、对学生言传身教，取得一定的成效，使濠江中学在社会上奠定了基础。

自从黄健由黄仁辅手中接办濠江中学暨附属小学，已确定"热爱祖国，为社会培育人才"的办学宗旨，同时，他坚持以濠江中学为阵地，撒播抗日救亡的种子。[①] 黄健与杜岚的教育理想相同，大家互相支持，合力克服办学及生活上的种种困难，受到黄健的影响，杜岚的爱国主义理想和事业，便在澳门的教育事业上发扬光大。

---

① 黄洁琳、叶苍、周飞鸿、方源湜、尤端阳编：《纪念黄健同志逝世十周年》，1992年，第10—12页。

第二章

抗战时期

一 抗日战争前夕的澳门教育概况

1925年以后,澳门人口继续下降,直至抗日战争前的1936年,人口12万。工商业不甚发达,除渔业以外,居民多以小型传统手工业为主,用作坊形式操作从事火柴、爆竹、神香等生产。这三大传统工业占澳门出口总值的37.8%。[1] 商业区集中在新马路、荷兰园、白马行等狭小地带,赌博业当时已成为澳门的特色。澳门原是一个渔港,1921年,澳门渔民达6万多人,占澳门人口的71%。澳门的渔产多供出口外销,在1930年,渔产出口值为250万元,占全澳出口贸易总值945万元的26%。[2] 可是,整体来说,澳门的经济不甚繁荣,一直以来对香港有一定的依存关系。当时澳门居民的生活水准相当低,每人每月的伙食费3—5元。教师的月薪也只是5元左右,由于贫苦居民多,购买力弱,因此商业不甚兴旺,文化娱乐事业也只能在有限程度中发展,书店少得可怜,只有光明、世界、小小等三四间,报馆也只

---

[1] 郑天祥、黄就顺、张桂霞、邓汉增:《澳门人口》,澳门基金会,1994年,第29—30页。

[2] 黄启臣:《澳门通史》,广东教育出版社1999年版,第321、324页。

有一两间，报纸销售量是不大的。

澳门教育向以私立学校为主，学校、教师和学生均以私立的占绝大多数，私校间素质相差悬殊。最负盛名的是美国边麻大学教育硕士、著名教育家廖奉基女士办的粤华中学，学生参加广东省会考，是全澳唯一的华人高中。南海师范学堂及两广优级师范学堂毕业的梁彦明先生，创办崇实书塾，1932年改办初中，也有很高的校誉。天主教教会办的中学，有圣罗撒女子中学，圣若瑟男、女中，也是初中。此外，还有尚志、华仁、华侨、佩文、复岭等中学，也只办初中，而且学生人数也不多。其中不少称为学校的，实际上是从学塾演变过来的。官校方面，有葡文中学和商业学校，葡文小学和两所收容华籍贫童的葡华小学，另有两所官协民办的学校。

1932年，澳葡官方统计，全澳中、小学学生7953人，女生只占26.6%，学校97所，平均每所只得81.98人。1934年，内地出版的《华侨教育》派了两名编辑来澳实地考察，他们的报告中，指出全华校有70多所，学生约7000人，平均每校约百人。可见30年代澳门教育受社会发展的局限，教育很不发达。他们描述当年的华人中学，把小学加设进修的两三所凑合起来，也只得八所，学生仅350人，平均每校不足44人。每342个澳门居民中才有一个在读的中学生。当年澳门与邻近的广州、香港虽然并称"省、港、澳"，但教育方面，澳门确实比其他两地落后得多。

这些华人私校大多数在澳葡政府华务局附设的华视学会督察之下，其中有规模的、学生要入内地升学的学校又另在南京政府侨务委员注册立案，遵照其规定的中、小学规程标准。但当时仍有不少处于被淘汰中的私塾，或庙宇的义学，30年代还是旧式的"卜卜斋"教育。这一时期可称为封建教育过渡到新式教育的晚期，先进与保守共存。据《华侨教育》编辑考察发现，仍有澳门学校采用1916—1917年间出版的过时教材，教科书上印的

"国旗"还是"五色旗",澳门私校质量的参差不齐,由此可见一斑。这也是澳门私校发展的过程中不可避免的现象。

另一方面,澳门人口不多,但地域特殊,具有400年中外沟通的历史,文化、思想和教育往往得风气之先,而且又是近代史上不少仁人志士、风云人物逃避政治风险之所。因而先进思想火种源源不息,从太平天国、戊戌维新,到辛亥革命、五四运动、五卅运动、省港工人大罢工、九一八事变、八一三事变等等,澳门均受一定的正面影响。在抗日战争战争前夕,社会已积聚了一股爱国的力量,在教育领域上,星星之火,闪亮了濠江大地,每个历史时刻均哺育出英才。

维新运动成员陈子褒在澳门开办灌根学校,提倡平民教育、妇女教育、培养教育,培养了冼玉清、廖奉基、李应林、容启东等人才;同盟会成员潘才华在澳门办培基学校,在澳门发展会员,培养了一批义无反顾地参与革命的仁人志士,如赵连城、梁定慧。1915年,教育界梁彦明、曾次崔等曾组成"抵制日货救国会",每逢星期日组织师生到中山各乡演讲宣传救国抗日。1919年,澳门学界不能在澳公开反日,却又有十多校师生,以及童子军转到四乡宣传,号召同胞抵制日货,奋起救国,"虽有学生被捕而志不稍衰"。1922年,成立仅两年的中华教育会组织三千师生参加的国耻大游行,振奋人心。1931年九一八事变以后,澳门师生的爱国情绪更为高涨,宏汉学校校长郑谷诒写了一篇署名"澳门宏汉小学全体同学"的《致义军书》,除寄往东北军外,还要求高年级学生人人背诵,铭记国难。当年各校师生高唱《松花江上》等抗日歌曲,在课堂上张贴"毋忘国耻"等标语,通过周会、时事报告会等,爱国教育深入师生。

二　抗战时期的澳门教育

1937年8月31日,即卢沟桥事变后一个多月,日本侵略者首次对广州进行空袭。广州的大学、中学开始向四乡迁移。到了1938年6月,广东省空袭达2000次,广州市被轰炸达800多次。抗战时期,澳门成为包括珠海难民在内的沦陷区人民的避难所。1938年12月14日的《华侨报》有这样的报道:"中山县三灶乡被敌侵入,民众率家逃避来澳,露宿街头,镜湖医院召开经理常会,决定协助救济。"① 之后,随着唐家及香洲等地区的沦陷,珠海难民同珠江三角洲等地的受难同胞一起纷纷涌入澳门。

澳门同胞以组建难民营、开办学校等多种形式开展救济工作,表现出骨肉同胞的一片亲情。澳门的慈善机构同善堂积极开展施粥济贫工作,还派发衣服、棉被,让难民御寒;又增聘医生,早晚开诊,施药赠医。除同善堂外,澳门镜湖医院慈善会也做了大量救济难民的工作,镜湖医院还开办难童小学,让他们接受教育。② 在此情况下,不少国内著名的学校,都被逼迁移。香港和澳门成为避难的地方。

从1937年开始至1939年年初的十多个月内,澳门人口大增,师生人数增幅更大。1936年,澳门人口约12万人,学生约8千人。1942年,人口达历史高峰,估计最高时达40万;学生则增至3万人。即人口增幅为3.33倍,学生的增幅为3.75倍。③

迁到澳门的大多为私立学校,都是较有规模的。迁校的目的,在于师生的安全与学校继续运作,同时保存设备,所以一般是师生、设备一起迁移,有的先迁到广东省内的乡镇,及后又迁到澳门,困难不少。

迁来的人口,大多是经济条件稍好的,例如地主、商人或侨眷。一般工人、农民较少能够背井离乡,拖儿带女前往异地

---

① 广东省档案局编:《广东澳门档案史料选编》,中国档案出版社1999年版,第380页。
② 赵艳珍:《珠澳关系史话》,珠海出版社2006年版,第156—157页。
③ 刘羡冰编著:《澳门教育史》,人民教育出版社2002年版,第149页。

谋生。因而这一时期迁入的新人口，文化素质也比较高，而且迁来的学校，不乏广东的名校，以及过万的中学生，大批优秀师资，使澳门地区的教育事业呈现出一时的兴旺。这些新来的人口，文化素质较高，加上引入大批优良的师资，不但使澳门的教学水准大幅提高，更令澳门人口文化素质提升，人口思想素质飞跃。①

1937 年抗战爆发，杜岚在濠江中学任教，可说是艰辛办学的起步阶段。1938 年 10 月广州沦陷，灾民四散。当时葡国对日本侵华及太平洋战争都宣布中立，很多逃避战祸的人都躲进澳门，使澳门人口大增，由 1937 年的 164528 人升至 1940 年的 40 万人。② 适合入学的华童亦由 8 千增至 3 万人。广东省不少学校都迁来澳门，1937—1939 年迁到澳门的中学有 17 所。③

表 2－1　　　　　　1937—1939 年迁到澳门的中学

年份	校名	校长	校址	备注
1937	总理故乡纪念中学	司徒优	白头马路	第二学期校长戴恩赛
1937	岭南中学	何鸿平	白头马路	
1938	执信中学	杨道仪	南湾	
1938	中德中学	郭秉琦	妈阁街 15 号	
1938	培英中学	区茂泮	望厦唐家花园	
1938	协和女子中学	廖奉灵	巴掌园，高楼下巷	
1938	洁芳女子中学	姚学修	下环龙头左巷	
1938	思思中学	李震	南湾	
1938	教忠中学	沈芷芳	妈阁街	

---

①　刘羡冰编著：《澳门教育史》，人民教育出版社 2000 年版，第 149—150 页。

②　郑天祥、黄就顺、张桂霞、邓汉增：《澳门人口》，澳门基金会，1994 年，第 25 页，表 3－1 "四百多年来澳门人口变化"。

③　刘羡冰：《世纪留痕——二十世纪澳门教育大事志》，刘羡冰出版，2002 年，第 81 页。

续表

年份	校名	校长	校址	备注
1938	广州大学附中	（主任）谭维汉	白马行	
1938	越山中学	司徒优	白鸽巢前地	司徒优离纪中自办
1938	培正中学	黄启明	贾伯乐提督街	
1938	广中中学	刘年祐	南湾	
1939	知用中学	张瑞权	青洲英坭厂	
1939	中山联合中学	林卓夫（兼）		
1939	南海联合中学	李兆福		
1939	省临中（包括原省女师、省一中、省女中学女约400人）	陈家骥（初在湾仔，后来澳门很短时间）		

除了以上的中学，还有一些小学，如：觉民小学、德基女子小学、维德小学。①

据1939年统计：全澳中学达35间，小学达140余间。据《澳门指南》所载全澳中等学校及专科学校列述如下：

表2-2　　　　　1939年澳门中等及专科学校

学校名称	地址
教忠中学	妈阁街（陈园）
培正中学	塔石卢家花园
葡国立利霄中学校	塔石
培英中学	望厦唐园
岭南中学	东望洋山顶
崇实中学	南湾巴掌斜巷六号
雨芬中学校	南湾街六十三号
广中中学	凤顺堂街
养正中学校	得胜马路六号

---

① 见黎子云、何翼云《澳门游览指南》，1939年，第66页。

续表

学校名称	地址
执信女中	南湾街三十三号
尚志中学	三巴仔
总理纪念中学	东望洋白头马路
协中女中	高楼下巷
粤华中学	得胜马路十八号
复旦中学	白马行街一号
越山中学	白鸽巢前地一号
洁芳女中	妈阁街人头井龙头左巷十号
圣心女子英文学校	柯高马路尾
培贞女中	柯高马路尾
望德女中	荷兰园进教围
圣罗撒女中	南湾花园
鲍思高中学	大钟楼（风顺堂街）
圣若瑟中学	三巴仔横街
广州知用中学	青洲大马路
无原罪工艺学校	高楼下巷
澳门中德中学	妈阁街十五号
广州大学附中	白马行五号
关其昌英文学校	水坑尾
广大会计学校	水坑尾十五号
达用国语学校	进教围（望德女中内）
新亚英文夜校	新马路十六号
冯华英葡学校	新马路
中华英文书院	板樟堂街十六号
黎敏伯英文学校	白鸽巢前地三号
培智幼稚园	贾伯乐提督街
蔡高学校	马大臣街
濠江中学	白马行天神巷十六号
濠江中学分校	近西街
灵道幼稚园	白马行街
汉文学校	板樟堂巷十四号

续表

学校名称	地址
宏汉学校	水坑尾九号
孔教学校	大炮台斜巷四号
雨芬中学校	南湾
养正中学	得胜马路六号
澳门中德中学建筑工程科	妈阁街十五号
兰室女子职业学校	水坑尾十八号

来澳的难民日渐增多，而战时生活经济困难，越来越多来澳人士没能力支付儿童教育费用，使儿童失学日渐增多。

珍珠港事件爆发，日军大举南侵，太平洋上战云密布，港澳与海外各地交通中断，继而香港又告陷落，澳门粮食接济，发生困难，物价不断飞涨，居民生活，陷入不安状态，最严重的是珠江三角洲的中山、新会等县，运澳米粮，操纵在日军手上，粮价直线上升，每担售价高至葡币四五百元，民食大起恐慌，且美国南洋等地侨汇又告中断，居民接济遂失来源，大部商人、居民及流亡人士所持有及存放于英国银行之港银港币，尽失通用，港方亲属接济断绝，居民生活，受到空前打击，富者餐粥餐饭，贫者更半饱难求，饿殍载道，触目惊心，此种社会不安现象，严重影响儿童就学机会，退学人数骤增，失学儿童竟占70%—80%之多。

学校学生减少，学费收入萎缩，入不敷出，老师迫得折减薪额，很多教职员因不能忍受枵腹待遇，相继辞职，返回内地另谋生计，使师资呈现缺乏现象。各校主持人为适应环境生存，各想办法，有些采取合并方式，有些采用节省支销方式。最后，很多因学校无法支持而结束停办，学校总数由180余间，降至四五十间，使蓬勃一时的澳门教育，顿陷入黯淡无光的逆境。[①]

当此危难之秋，国民党澳门支部党员及热心教育人士蒿目时

---

① 冯汉树编著：《澳门华侨教育》，1958年，第28—29页。

艰，不畏万难，继续支持侨教教育，如总理故乡纪念中学校长司徒优，中山中学校长陈德和，中德中学校长郭秉琪，致用小学校长叶向荣，佩文小学校长周静生，崇新小学校长张惠泉，孔教中学校长郑谷贻，知行小学校长罗致知，陶英小学校长陈公善，崇实小学校长梁彦明，崇实小学教务主任锺荣阶，天主教会主办之望德女子中学严绍渔神父，圣罗撒女子中学校长朱伯英，均有其不挠不屈的表现。教师方面则有苏菊庵、张衍日、麦孔檀、郑鸿举、李庆刚、林范三、俞炽南、张铁军、蔡德诚、邓景范、高朝宗、林庆培、潘学增等一百八十余人，吃苦耐劳，不畏时艰，日以粗糠、马粮、粟米、稀粥等充饥，半饱半饿，勉力上课，甚至有因营养不足，健康不佳而患水肿胃病殉职者，其壮烈精神，至足钦敬。

当时澳门一些热心殷户如刘伯盈、冯养、陈茂枝、高可宁、莫培榄、姚应江、黄豫樵、李际唐、陈兰芳等均受到正义感动，相率捐款济助，大家群策群力，共济时艰，使尚有余力及有志向学的青年学子，不致失学，商人此种见义勇为当仁不让之义举，对澳门教育的长远发展有不可磨灭的功绩。其中如建筑商人冯养以失学儿童太多，蹶然动念，拨巨款交与致用小学校长叶向荣举办难童班，免费收容数千失学儿童补习，尤属难能可贵。[①]

澳门中华教育会有见及此，特别召开会议讨论救济方法，最后决定开办难童夜校20所，附设于各会员校内，不但完全豁免学童一切费用，并由该会筹办书籍、笔墨、纸张等分赠难童。其他经济能力较优的学校，亦相继起来支持。例如粤华中学以演剧筹款设立难童学校，于三月四五两夜公演名剧《钦差大臣》。当时观众异常挤拥，收入约1100余元，而澳门富商愿意代筹800元，合共2200余元交给粤华，粤华校长将此款作为设立难童小学及习艺所之开办费。粤华难民小学开始招生，一至六年级各招

[①] 冯汉树编著：《澳门华侨教育》，1958年，第29—30页。

一班，习艺所只招一班，限于16岁以上的高小毕业生，课程有工商业常识、工业组织、工厂管理等，成绩优良者可充任该所附设之小工场工目，学杂费一律豁免。①

日本特务人员及伪组织汉奸之流，初期对澳门教育采取不干预政策，及后发觉澳门学校在爱国民族主义的教育熏陶下，间接影响大东亚侵略目标，便发动破坏阴谋，首先向忠贞教育人士，施用威胁恐吓手段，并伪造情报向地方治安当局告密，会同搜查学校，如崇实中学、中德中学等均数度受扰，幸澳葡政府洞悉伪方阴谋，仅与敷衍了事，未向华人学校施用过大之压力。

日本特工此种无耻打击举动，不但毫未奏效，更增加忠贞教育界人士及爱国学生的同仇敌忾情绪，后来无耻奸伪，竟然施用毒辣手段，先将崇实中学校长兼中华教育会长梁彦明刺杀于龙嵩街口，再将迁澳的总理故乡纪念中学校董会校董兼中山县县中学校长林卓夫刺杀于沙加都拉贾伯丽街，敌伪此次杀害两位忠贞不屈的教育界人士，使全澳教育界为之愤激万分，不顾恶势纵横，公开开会追悼。民怨沸腾，舆论交责，使丧心病狂的奸伪，为之气馁。澳门各界为追崇忠烈起见，每年均开会追悼，永志不忘，为澳门教育界奋斗的一页忠烈史记。②

三 濠江学校的发展

这个时期，濠江中学在黄健校长的领导下，不只继续教育的工作，还在政治上积极参与，推行有利于抗日的各种活动，配合内地的抗战需要，而杜岚在澳门的教育工作，虽然面对各种困难，但仍在艰苦的环境下开拓教育空间，为澳门的爱国教育，为

---

① 《华侨报》1939年3月5日、7日、20日，《广东澳门档案史料选编》，第832页。

② 冯汉树编著：《澳门华侨教育》，1958年，第30—31页。

抗日工作尽一份力。她当时的成就，可以从以下各方面来看。

（一）维持濠江中学，尽力提高教学水平

1938年10月广州沦陷，逃难来澳门的内地同胞激增，濠江中学那时设在天神巷十六号，是一间古旧的房子，地方湫隘、潮湿，光线也不很够。那时，濠江中学校长是黄健（黄晓生），教务主任是黄一峰，事务主任是杜君恕，老师有周筱真、张五美、黄锡勋等，以后又增加了郑冷刃（郑少康）、梁道平、陈雪等老师。杜岚积极支持黄健校长扩充班级。扩展了近西街中学部，并在惠爱街三十二号设立小学分校。小学也在侨务委员会登记立案，以便利学生日后升学或就业出路（见表2-3-1至表2-3-11）。

侨务委员会转报澳门濠江中学附属小学
立案表册及教育部的复函[①]
民国廿六年六月、七月
濠江中学附属小学立案呈报表

表2-3-1　　　　　　侨民小学立案报表之一

学校概况					
校名	中文	私立濠江小学	外文	Evcola decundaue "Hoou Kong"	种类
校址	中文	澳门天神巷十六号	外文	Jnavessa Dai anjas	葡萄牙文
组织	校长之下分设教导部、总务部，主理各该部事务，X级分设级任并由全校教职员组织校务会议以处理全校行政事宜				
编制	级数班数	高小 二 初一 四 幼稚园 三 合计	各级学生数	高小 四 X 一年级 十七 初一 二十一	合计 四年级 十四 三年级 二十八 二年级 二十九 一年级 九十五 合计 幼稚园 甲班 乙班 丙班 合计

---

① 《侨务委员会转报澳门濠江中学附属小学立案表册及教育部的复函》，见《第二历史档案馆澳门地区档案史料选编》，序号：254/时间：1937.6—7/全宗号：五/案卷号：13310/盘号：35J—180/影像号：478。注：下表原件中有不清楚处，用"×"表示。

续表

学校概况					
校名	中文	私立濠江小学	外文	Evcola decundaue "Hoou Kong"	种类 葡萄牙文
校址	中文	澳门天神巷十六号	外文	Jnavessa Dai anjas	
全校学生总数	116人		历年毕业生数 224人	现任教职员数	9人
经费临时来源	（一）经费来源为每学期所收之学费……（二）临时费来源为校长补助及热心赞助本校之华侨捐赠				
学校不动产总价值及基金总额	不动产总值		1200元	基金总额	
办理经过及沿革	本校创办于民国廿二年，去年春季前校长因事离职，由现任校长黄晓生接办并加改组，添招收新生办理已略具规模				
曾否在当地政府注册	澳门民政厅设校准证第三号一九三六年三月十一日发给			曾否受当地政府津贴	否
备考	本校因办理基础已固且难得适当人选，故未组织校董会，拟请照修正侨民中小学校董会组织规程第十三条准予免设				

表2-3-2　　　　　侨民小学立案报表之二

职员履历			
姓名	黄晓生	黄一锋	杜君恕
性别	男	男	女	
年龄	32	32	26	
籍贯	广东中山	广东南海	广东南海	
学历	中山中学毕业日本明治大学文科肄业	上海中华艺术大学毕业	广东省立女子师范学校毕业	

续表

职员履历			
经历	曾任上海爱群小学校长	曾任安南宜安侨英学校教务主任	曾任安南海防时习中学合浦县立第一中学教员
职务	校长	教导主任	总务主任
专任或兼任	专任	兼任	兼任
兼任教务		社会	国语
月薪		五十元	五十元
到校年月	廿五年一月	廿五年一月	廿五年一月
备考			

表 2-3-3　　　　侨民小学立案报表之三

姓名	黄一锋	杜君恕	张铁军	黄庆昭	张五美	柯麟	黄伟贤	申洪
性别	男	女	男	男	女	男	男	男
年岁	32	26	22	30	21	32	23	21
籍贯	广东南海	广东南海	广东中山	广东中山	广东南海	广东惠阳	广东中山	广东新会
学历	上海中华艺术大学毕业	广东省立女子师范学校毕业	澳门崇实中学毕业	香港皇仁书院毕业	广东省立×勤大学幼稚师范班毕业	广东省立医科专门学校毕业	中山县立中学高中师范科毕业	广州市私立知用中学毕业
经历	曾任安南宜安侨英学校教务主任	曾任安南海防时习中学、合浦县立第一中学教员	曾任中山县大×小学教员、澳门圣罗撒女子中学教员	曾任香港达文书院教员、澳门望德女子中学教导主任	曾任广州仲霍小学教员	医生		
曾否受××								
担任学科	社会公民	国语	算术	美术	音乐劳作	卫生	体育	自然
每周教学时数	22	26	26	22	24	16	16	22

续表

姓名	黄一锋	杜君恕	张铁军	黄庆昭	张五美	柯麟	黄伟贤	申洪
专任或兼任	兼任	兼任	专任	专任	专任	兼任	专任	专任
兼任校务	教导主任	总务主任						
月薪	五十元	五十元	四十元	三十元	三十元	十元	二十元	二十元
到校年月	廿五年二月	廿五年二月	廿五年二月	廿五年二月	廿五年二月	廿五年六月	廿五年六月	廿五年六月
备考								

表 2-3-4　　　　侨民小学立案用表之四（甲）

学生一览

姓名								
性别								
年岁								
籍贯								
入学年月								
年级								
学历								

姓名								
性别								
年岁								
籍贯								
入学年月								
年级								
学历								

姓名								
性别								
年岁								
籍贯								
入学年月								
年级								
学历								
备考	本校学生均春季始业系因地方习惯使然							

表 2-3-5　　　　　　　　侨民小学立案用表之五（甲）

学年	学科支配 \ 课程	公民训练	卫生	体育	国语
第一学年	每周授课时数	60分	60分	150分	390分
	每次上课占若干分钟	30分	30分	30分	30分
	内容大要	遵照教育部正式颁布小学公民训练条目，以有关之积极故事为中心	以儿童健康和发育有关的各项生活习惯作为解释分个人和公众两方面，以养成卫生的习惯和知能	注重游戏及天然活动，及舞蹈和缓运动等，以锻炼体格发育身心	以儿童生活为中心，容纳儿童文学及日常生活所需要的词句，语调力求与儿童切近
第二学年	每周授课时数	60分	60分	150分	390分
	每次上课占若干分钟	30分	30分	30分	30分
	内容大要	与第一学年同	与第一学年同	与第一学年同	与第一学年同
第三学年	每周授课时数	60分	60分	150分	390分
	每次上课占若干分钟	30分	30分	30分	30分
	内容大要	遵照教育部正式颁布小学公民训练条目，一律先个人，次家庭，再次及于社会国家，并以故事具体表现之	与第一学年同	与第一学年同	容纳儿童文学及日常生活中需要的各种文体词句，取材与社会自然艺术等科相联络
第四学年	每周授课时数	60分	60分	150分	390分
	每次上课占若干分钟	30分	30分	30分	30分
	内容大要	与第三学年同	与第一学年同	与第一学年同	与第三学年同

续表

学年	学科支配\课程	公民训练	卫生	体育	国语
第五学年	每周授课时数	60分	60分	180分	390分
	每次上课占若干分钟	30分	30分	60分	30分
	内容大要	注重指导儿童认识个人与社会的关系，并培养良好的道德习惯，并使了解三民主义的精神和公民对于社会的种种责任	（一）关于饮食起居卫生习惯的养成（二）关于身体器官的生理卫生知识和普通病的原因治疗预防等（三）公众卫生的知识	采取游戏、球类运动、舞蹈×正体操及各项和缓运动，以锻炼体格，使身心发育健全为主	文体包括普通文、应用文、诗歌、剧本等，凡课程标准所规定者莫不应有尽有
第六学年	每周授课时数	60分	60分	180分	390分
	每次上课占若干分钟	30分	30分	60分	30分
	内容大要	与第五学年同	与第五学年同	与第五学年同	与第五学年同
备考					

表2-3-6　　侨民小学立案用表之六（乙）

学年	学科支配\课程	社会	历史	地理	自然
第一学年	每周授课时数	90分			90分
	每次上课占若干分钟	30分			30分
	内容大要	包括公民知识、历史、地理三类，以图画为主，文字极简单			编制以图画为主取材在增进儿童利用自然，能理解、研究、欣赏、爱护自然

续表

学年	学科支配\课程	社会	历史	地理	自然
第二学年	每周授课时数	90分			90分
	每次上课占若干分钟	30分			30分
	内容大要	包括公民知识、历史、地理三类，图画和文字并重，每课附以问答以便儿童自动研究			图书与文字互相参证，取材在增进儿童利用自然的知能和理解、欣赏、爱护自然
第三学年	每周授课时数	120分			120分
	每次上课占若干分钟	30分			30分
	内容大要	包括公民知识、历史、地理三类，以文字为主，每课除课题外另加小标题以明本课要点			以增进儿童利用，并理解、研究、欣赏、爱护自然为主，对于民生主义尤为注重
第四学年	每周授课时数	60分			120分
	每次上课占若干分钟	30分			30分
	内容大要	与第三学年同			除同上外，另加想和做的题目，使儿童注意思考和实验
第五学年	每周授课时数		90分	180分	150分
	每次上课占若干分钟		30分	30分	30分
	内容大要		以本国历史为中心，择关系最深切而有代表价值的史粹如经济、生活、文物制度、历史大事、国耻和民族复兴运动史等	取材本国注重环境和人文现象的因果关系，对于国耻地和中山先生的实业计划尤为注意	以增进儿童利用自然的知识为主，对于民生主义尤为注意研究，自然的兴趣欣赏，自然的美感和爱护，自然习惯亦在各教材中注意培养

续表

学年	课程 学科 支配	社会	历史	地理	自然
第六学年	每周授课时数		90分	180分	150分
	每次上课占若干分钟		30分	30分	30分
	内容大要		与第五学年同	除同上外，取材兼及世界重要各国及区域，附以地图及各地代表风景相片等	与第五学年同
备考					

表2-3-7　　　**侨民小学立案用表之七（丙）**

学年	课程 支配 学科	算术	劳作	美术	音乐
第一学年	每周授课时数	60分	90分	90分	90分
	每次上课占若干分钟	30分	30分	30分	30分
	内容大要	取材多用衣、食、住、行、日常生活学校作业及家庭经济等问题为主，使儿童有计算敏速及正常的能力	遵照小学课程标准，使习浅易之操作，以锻炼儿童之身心及技能	练习对于人物自然形态之观察力与描写技能	包含欣赏演习研究等作业，附图表以练习歌曲，注重鼓励儿童动作兴奋与情感，发扬民族精神
第二学年	每周授课时数	150分	90分	90分	90分
	每次上课占若干分钟	30分	30分	30分	30分
	内容大要	除同上外，多用游戏、竞赛、表演、实习等方法	与第一学年同	与第一学年同	与第一学年同

续表

学年	支配学科	算术	劳作	美术	音乐
第三学年	每周授课时数	180 分	120 分	90 分	90 分
	每次上课占若干分钟	30 分	30 分	30 分	30 分
	内容大要	与第二学年同	与第一学年同	除同上外，注意形体描写练习及位置构图初步等自由表现之练习	与第一学年同
第四学年	每周授课时数	210 分	120 分	90 分	90 分
	每次上课占若干分钟	30 分	30 分	30 分	30 分
	内容大要	除同上外又采取珠算与笔算混合教学	与第一学年同	与第三学年同	与第一学年同
第五学年	每周授课时数	180 分	150 分	90 分	90 分
	每次上课占若干分钟	30 分	30 分	30 分	30 分
	内容大要	遵照教育部正式颁布小学课程标准之规定，取材分技能的、思考的、实用的三种	使学生实地操作锻炼以养成勤劳耐苦，并培养日常生活必须之工艺知识技能，授以纸工、木工、藤工、竹工、黏土工及金石工等	与第三学年同	与第一学年同
第六学年	每周授课时数	180 分	150 分	90 分	90 分
	每次上课占若干分钟	30 分	30 分	30 分	30 分
	内容大要	与第五学年同	与第五学年同	与第三学年同	与第一学年同
备考					

表 2-3-8　　　　　侨民小学立案用表之八（甲）

				参考书目录				
书名	公民教学法	公民教学法	公民训练本	卫生教本	卫生教本	卫生教本	卫生教本	体育教本
著作者	魏景源 魏志澄	魏景源 魏志澄	束樵如等	费赞九等	费赞九等	费赞九等	费赞九等	蔡雁宾 束云达
出版处	商务印书馆	商务印书馆	商务印书馆	商务印书馆	商务印书馆	商务印书馆	商务印书馆	商务印书馆
册数	第二册	第四册	第一册至第八册	第二册	第四册	第六册	第八册	第一册至第四册
	高级小学用	高级小学用	初级小学用	初级小学用	初级小学用	初级小学用	初级小学用	初级小学用
书名	卫生教学法	卫生教学法	体育教本	开明国语课本教法	开明国语课本教法	开明国语课本教法	开明国语课本教法	复兴国语教学法
著作者	程瀚章 庄畏仲	程瀚章 庄畏仲	蔡雁宾 束云达	韦息予	韦息予	韦息予	韦息予	俞焕斗
出版处	商务印书馆	商务印书馆	商务印书馆	开明书店	开明书店	开明书店	开明书店	商务印书馆
册数	第二册	第四册	第一册至第四册	第二册	第四册	第六册	第八册	第二册
	高级小学用	高级小学用	高级小学用	初级小学用	初级小学用	初级小学用	初级小学用	高级小学用
书名	复兴国语教学法	社会教学法	社会教学法	社会教学法	社会教学法	历史教学法	历史教学法	地理教学法
著作者	俞焕斗	王志成等	王志成等	王志成等	王志成等	郁树敏 饶祝华	郁树敏 饶祝华	冯达夫等
出版处	商务印书馆	商务印书馆	商务印书馆	商务印书馆	商务印书馆	商务印书馆	商务印书馆	商务印书馆
册数	第四册	第二册	第四册	第六册	第八册	第二册	第四册	第二册
	高级小学用	初级小学用	初级小学用	初级小学用	初级小学用	高级小学用	高级小学用	高级小学用
书名	地理教学法	自然教学法	自然教学法	自然教学法	自然教学法	自然教学法	自然教学法	算术教学法
著作者	冯达夫等	凌昌焕等	凌昌焕等	凌昌焕等	凌昌焕等	徐允照 黄坚白	徐允照 黄坚白	江景双等
出版处	商务印书馆	商务印书馆	商务印书馆	商务印书馆	商务印书馆	商务印书馆	商务印书馆	商务印书馆
册数	第四册	第二册	第四册	第六册	第八册	第二册	第四册	第二册
	高级小学用	初级小学用	初级小学用	初级小学用	初级小学用	高级小学用	高级小学用	初级小学用

表 2-3-9　　　　　　　　侨民小学立案用表之九（乙）

	参考书目录							
书名	算术教学法	算术教学法	算术教学法	算术教学法	算术教学法	劳作教本	劳作教本	美术教本
著作者	江景双等	江景双等	江景双等	顾枏等	顾枏等	宗亮寰	熊翥高	胡保良
出版处	商务印书馆	商务印书馆	商务印书馆	商务印书馆	商务印书馆	商务印书馆	商务印书馆	商务印书馆
册数	第四册	第四册	第六册	第二册	第四册	第一册至第八册	第一册至第四册	第一册至第八册
	初级小学用	初级小学用	初级小学用	高级小学用	高级小学用	初级小学用	高级小学用	初级小学用

书名	美术教学法	音乐教本	音乐教本					
著作者	宗亮寰	王石珍	费锡胤					
出版处	商务印书馆	商务印书馆	商务印书馆					
册数	第一册至第四册	第一册至第四册	第一册至第四册					
	高级小学用	初级小学用	高级小学用					

表 2-3-10　　　　　　　　侨民小学立案用表之十

	参考书目录							
书名	中国公民	中国公民	中国公民	中国公民	复兴公民教科书	复兴公民教科书	开明国语课本	开明国语课本
著作者	张耿西等	张耿西等	张耿西等	张耿西等	胡钟瑞 赵夐	胡钟瑞 赵夐	叶绍钧	叶绍钧
出版处	商务印书馆	商务印书馆	商务印书馆	商务印书馆	商务印书馆	商务印书馆	开明书店	开明书店
册数	第二册	第四册	第六册	第八册	第二册	第四册	第二册	第四册
学年	第一学年用	第二学年用	第三学年用	第四学年用	第五学年用	第六学年用	第一学年用	第二学年用

续表

					参考书目录				
书名	开明国语课本	开明国语课本	复兴国语教科书	复兴国语教科书	复兴社会教科书	复兴社会教科书	复兴社会教科书	复兴社会教科书
著作者	叶绍钧	叶绍钧	丁 (榖)音 赵欲仁	丁 (榖)音 赵欲仁	马精武 王志成	马精武 王志成	马精武 王志成	马精武 王志成
出版处	上海开明书店	开明书店	商务印书馆	商务印书馆	商务印书馆	商务印书馆	商务印书馆	商务印书馆
册数	第六册	第八册	第二册	第四册	第二册	第四册	第六册	第八册
学年	第三学年用	第四学年用	第五学年用	第六学年用	第一学年用	第二学年用	第三学年用	第四学年用
书名	复兴历史教科书	复兴历史教科书	复兴地理教科书	复兴地理教科书	复兴自然教科书	复兴自然教科书	复兴自然教科书	复兴自然教科书
著作者	徐映川	徐映川	冯达夫	冯达夫	宗亮寰等	宗亮寰等	宗亮寰等	宗亮寰等
出版处	商务印书馆	商务印书馆	商务印书馆	商务印书馆	商务印书馆	商务印书馆	商务印书馆	商务印书馆
册数	第二册	第四册	第二册	第四册	第二册	第四册	第六册	第八册
学年	第五学年用	第六学年用	第五学年用	第六学年用	第一学年用	第二学年用	第三学年用	第四学年用
书名	复兴自然教科书	复兴自然教科书	复兴算术教科书	复兴算术教科书	复兴算术教科书	复兴算术教科书	复兴算术教科书	复兴算术教科书
著作者	周建人等	周建人等	许用宾 沈百英	许用宾 沈百英	许用宾 沈百英	顾枏 邹尚熊	许用宾 沈百英	顾枏 邹尚熊
出版处	商务印书馆	商务印书馆	商务印书馆	商务印书馆	商务印书馆	商务印书馆	商务印书馆	商务印书馆
册数	第二册	第四册	第二册	第四册	第六册	第二册	第八册	第四册
学年	第五学年用	第六学年用	第一学年用	第二学年用	第三学年用	第五学年用	第四学年用	第六学年用

表 2-3-11　　　　　　侨民小学立案用表之十一

	全部图书目录						
	书名	小学生文库	辞源	缩本新字典	幼儿文库	幼儿园小学课程标准	儿童研究	儿童学原理
中国书籍	著作人	王云五徐应昶主编	方毅等	陆□	徐应昶主编	教育部编订	冯品兰	俞寄凡编译
	出版处	商务印书馆	商务印书馆	商务印书馆	商务印书馆	商务印书馆	商务印书馆	中华书局
	册数	五百册	二册	一册	二百册	一册	一册	一册
	价值	七十元	七元	一元二角	二十五元	二角五分	三角	八角

杜岚不畏学校经济困难，主张用特别低廉的学费来扩充班级，尽量接纳儿童入学。而且为了救济失学青年，适应形势需要，特聘请内地高等师范、中山大学毕业同仁来校任教职，以期革新校务，增进教育效能。例如聘请了一批高师毕业的资深教师，如张兆驷、区声白、秦修、罗季昭等，保证提高教学品质。

据一位曾在濠江任教的老师忆述：

在开办初期的濠江中学，名为中学，实际上只有一班初中一，其余六班都是小学，全校学生仅一百多人，学生大多数是工人、小贩的子弟（那时的小贩，经济情况很差，绝不能同今天的小贩相比）。为了照顾这些劳苦大众的儿女，学校收费很低，因此，一个学期学杂费的收入，还不够半个学期的开支。

学校收入少，又没有什么基金和补助，所以教师的束脩十分微薄。在校住宿和搭食的教师，每月只有白银五元；不在学校住宿和搭食的只有十元。中小学教师一律都是这个待遇（那时澳门使用广东省发行的"双毫"银币，每个面值两角，五个就是一元）。而在那个时候，一家杂货店掌柜的月薪起码是二十元，一般学校的小学教师起码也有二三十元收入，中学科主任教师约四五十元左右。

那时，一个人每月伙食大约是三元多至四元多。因此，十元的月薪，仅够一个人起码的生活，如要养家活口，可以说是完全不可能的，幸好当时的老师绝大多数都是未婚的，光棍一条，所以还感不到有什么大问题。

由于当时濠江中学的老师，都决心献身教育事业，为国家，为社会培育有用的人才，因此对微薄的待遇，不但毫不计较，而且甘之如饴。当时大家全心全意投入工作，安贫乐道，不避艰苦，不计报酬的精神，是今天不少职业青年所难以设想的。

记得当时学校经常有"债主临门"，追讨房租的、追讨柴米账的，此去彼来，十分热闹。应付这些"债主"的，主要是杜君恕主任。她是我们一群年青老师中的长者（其实当时所谓的长者的她，也是不过接近卅岁而已），曾在上海租界教过书，富有教学和社会经验，口才很不错，由她来应付，尽管那些不速之客空手而去，也会怒火全消，甚至面露笑容，心情舒畅。

学校经济情况很差，没有教具，我们老师自己做教具；没有教材，自己编教材。没有图书，我们想办法请亲友捐助，甚至自己剪剪贴贴，自编自制一些"画报"，供同学们阅读。

由于学校经费经常处于入不敷支，捉襟见肘的状态，曾经举办了一次以筹款为目的的游艺会，时间约在一九三七年上半年，地点在新桥娱乐戏院（今庇道学校原址）。记得那次园游艺会，节目不多，主要是学生演出的话剧和外间客串的中乐表演。话剧有三幕剧《屠户》（熊佛西编）和独幕剧《一个包袱》（编剧是谁已忘记）。演出这两出戏的都是初中一年级的同学，其中有冯炳照、潘振华等等。他们第一次登台，最年长的也只有十五六岁，但还能演得中规中矩，只闻掌声，未见有人"柴台"，成绩算是不错了。至于中乐表演，则由当时一位黄蔼兰女同学邀请一家中乐社客串演出。黄蔼兰同学擅唱粤曲，她也登台高歌一曲，美妙婉转的歌声，博得全场观众的热烈鼓掌。

那次园游会，说来好像"讲西游"，全部经费支出只一百多元，包括请中乐社饮茶在内，收入约近一千元。那时，近一千元的数目，在我们"赤贫如洗"的学校算是一笔可观的收入，可以支付近一个学期的经费了。所以，游艺会的成绩算是相当圆满，家长对演出的结果也表示满意。①

据一位在1939年入学的学生回忆，他对当时濠江的老师的努力和尽心尽力的教学，感受甚深：

一九三九年的下半年，广州沦陷了。当时整个广东的局势都很动荡，汉奸汪精卫的"抗战必亡论"也烦扰澳门，政治环境很复杂，报章书刊上有关抗日的字眼都被剔掉，教育界也讳言国事。而濠江中学却敢于在祖国危亡的严峻时刻，教育学生不要忘记民族的深重灾难。当时校址在天神巷一所古老的大屋，因陋就简地办起几个班。学生们大多数是逃难来的而又绝大多数是劳动人民的子弟，能有机会接受教育也是不简单。黄晓生（即黄健）校长带领一班年青有为的老师从事教育，其中杜岚、杜君恕、曾枝西、何玉麟、汤萍、周筱真等各位老师，他们以严肃认真，艰苦奋斗的作风抚育我们。除了正常功课外，还辅导我们开展作文、英文、数学的比赛，培养我们独立思维的能力，组织班社活动，让学生们自己去出墙报，建立读书、读报、演讲小组。

老师们不仅以民族大任教育我们，还以刻苦的精神影响

---

① 濠江旧侣：《回忆天神巷时期的濠江》，《濠江中学五十周年校庆纪念特刊》。

我们。"五一"节老师们光着脚带领挑水，和同学们一起打扫卫生，培养我们热爱劳动的观念。

进入到一九四零年下半年，政治经济形势更加恶化。虽然濠江中学是澳门学费最低的一间学校，高小每学期才收费十二元，并可以分作两期缴交（记得当时某些中学的学期五十元港币），而贫苦的家长还是很艰难地负担子弟学费。老师们也很困难，但为了不忍学生们辍学，宁愿更刻苦地把学费分作五角、壹元来收，分担了学生们的困难。①

（二）宣传抗战

杜岚等老师，除了教授学生学科知识之外，还注重培养学生爱国情怀，坚持抗日的思想，经常利用歌曲和文章，激发学生的思想和感情。

据一位曾在濠江任教的老师忆述：

当时，日本帝国主义正在对中国磨刀霍霍，准备全面侵华，民族危机空前严重。那时候我们教学生，主要是教他们认识当前的形势，国难的深重，向他们灌输抗日救亡的大道理，激发他们的民族自豪感和爱国精神，引导他们热爱中华民族，仇恨日本帝国主义。

不少进步的和抗日的歌曲，如《开路先锋》、《大路歌》、《义勇进行曲》、《五月的鲜花》……都是那时音乐课的绝好教材。这些当时风靡澳门青年一代的激越歌声，对引导同学们精神向上，热爱祖国，收到了十分显著的效果。②

---

① 官天恩：《悠悠寸草心——怀念母校的艰苦历程》，《濠江中学五十周年校庆纪念特刊》。

② 濠江旧侣：《回忆天神巷时期的濠江》，《濠江中学五十周年校庆纪念特刊》。

据一位在 1939 年入学的学生的回忆，他见当时濠江的老师宣传抗战，推动爱国教育，深受感动：

> 在纸醉金迷的澳门，依旧弥漫着生活的迷惘。亲爱的母校——濠江中学一诞生，就以战斗的姿态告诉澳门同胞："寇深矣，起来！"
>
> 这战斗的语言，像一把利刀，划破了那凝固深沉黑暗的长空。第一次从濠江中学传来了《开路先锋》、《大路歌》、《铁蹄下的歌女》、《打回老家去》……的歌声，传来了民族解放斗争的霜天晓角！从此濠江中学就是大声疾呼宣传团结抗战，为祖国培育英才。多少老师和同学，在抗战中奔赴斗争的前线，为祖国献身，甚至献出了宝贵的生命。
>
> 特别使我难以忘怀的是灌输爱国主义思想，提高对民族自卫战必胜的信心。我记得杜君恕老师把《论持久战》这本书，用通俗易懂的语言对高小以上的同学分析讲解。每逢"七七"、"八一三"、"九一八"、"一二·九"纪念日，在第一节课用报告形式来开纪念会，使我们牢牢树立不忘国难，拥护抗战的思想信念，我们都饱含着泪水，谛听教诲，体会深重的民族苦难。比之当时侈谈教育救国，连半句救亡歌声却听不到的某些有地位的学校，真是相形见绌，泾渭分明。[①]

杜岚的事业并没有局限在学科知识层面。抗日战争期间，她推行的爱国主义教育，加上学校进步教师们的共同合作努力，学生的教育结合抗日救亡运动，贯彻始终，从不松懈。不少男女青年在学校教育影响下，奔向内地参军、参加抗日救亡工作。当时澳门同胞组织成立了服务团，直接返回内地参加抗战工作。最早

---

① 官天恩：《悠悠寸草心——怀念母校的艰苦历程》，《濠江中学五十周年校庆纪念特刊》。

组织出发的是"旅澳中国青年乡村服务团",第一批成员在1937年10月便返回内地,以廖锦涛为团长,分10个队及一个由岐关公司工人组成的机工队,共167人,自1938—1940年分批回内地参加战地服务,不少成员光荣负伤,有的甚至英勇牺牲。例如抱着炸药爆破桥梁中弹牺牲的梁捷。①

(三) 动员、组织民众,参与领导抗日救亡团体开展工作

当时各级党组织和共产党员在抗战期间一直利用澳门的特殊地位,以澳门为阵地开展抗日活动。抗战时期,八路军参谋长叶剑英、新四军参谋长张云逸、八路军驻上海办事处主任潘汉年、八路军驻香港办事处主任廖承志等人都曾到澳门支援抗日救亡工作。1937年11月,中共澳门支部在广州市委的领导下在澳门建立,次年改为中共澳门特别支部,由香港市委领导。澳门党组织成立后,注意在各抗日团体、产业工人、学生中培养发展党员,不断壮大自身力量,先后建立了学生支部、拱北关支部、岐关车路公司支部、纱厂女工支部。"澳门党的工作有了相当的发展,到广州失守时有党员50人。"② 党在澳门抗日救亡运动中发挥了重要的作用。

"九一八"事变后,活动在澳门的一批大革命时期失去了组织关系的共产党员自觉地进行统战工作。他们以学校、书店、报纸为阵地,通过办学、授课、出售进步书刊、组织救亡组织吸收学生和工人参加等形式,宣传抗日救亡思想,团结进步青年走抗日救国的道路。黄健、杜岚等人自然积极推动,利用濠江学校在教育及文化界的地位及影响力,支援党的抗战工作。随着各级党组织恢复、重建和抗战形势的发展,一批活跃于澳门各个社团中的先进分子如廖锦涛、梁铁等先后加入了共产党,廖锦涛更成为

---

① 谢永光:《香港抗日风云录》,香港:天地图书公司1995年版,第35—36页。
② 广东省委党史研究室编:《澳门归程》,广东人民出版社1999年版,第119页。

澳门党支部的组建者之一，并且担任了澳门支部的组织委员。而陈少陵等共产党员也恢复了组织关系，他们带领"澳门文化界抗日救国会"、"大众救亡歌咏团"、"前锋剧社"等进步团体积极开展活动，发挥了共产党领导作用。党不仅掌握了一些小的爱国团体的领导权，澳门统一的爱国组织"澳门四界救灾会"和较大规模的"旅澳中国青年乡村服务团"也处于共产党的控制领导之下。"澳门四界救灾会"作为多个爱国团体的联合体，有着良好的群众基础，廖锦涛在其中担任理事。"党所能掌握领导的一个大的、公开的合法团体是澳门四界救灾会，这个团体下面包括了一些剧社、音乐团体和学校等。"① 而"旅澳中国青年乡村服务团"则是在请示香港市委同意、由澳门党组织负责人余美庆直接参加发动组成的，共产党员陈少陵被推举为该团领队。

濠江中学亦积极配合开展工作，培养不少校友为抗日出力，他们当中，有些抗战胜利后重返澳门创业，有些还一直留在内地工作，对革命事业和社会建设，作出了一定的贡献。邓庆忠校友就是其中一例。他参加中山抗日游击队时，杜岚亲自为他准备行装和路费送他上征途。经过半个世纪的奋战，他屡立战功，从战士到中校军官，以后到广州海关，又在海关干部学院培养了大量专业人才，作出了贡献，担任了厅局级领导，直到离休。②

（四）组织领导回乡服务团深入内地，支援内地抗战

回乡服务团的组建工作是在共产党的领导下进行的。从1937年8月到1938年10月，中共香港市委就开始发动组织华侨和港澳同胞回乡开展抗日救亡运动，在香港市委的直接领导下，

---

① 《吴有恒关于粤东南特委工作给中央的报告》，1941年1月31日，载《广东革命历史档汇编》甲41，中央档案馆，第114页。

② 黄洁琳：《六十春秋苦耕耘——澳门濠江中学杜岚校长专集》，第18页。

中共澳门地下党先后动员和组织了一批爱国青年加入了回乡服务团。共产党员陈少陵、杨岭梅率领澳门最早组团的"旅澳中国青年乡村服务团"第一批成员共16人，于1937年10月到新会、江门参加抗日救亡活动。

1938年日军入侵华南。广州沦陷之后，中共澳门特支根据上级指示，决定通过四界救灾会组织服务团，回内地开展抗日救亡运动。10月21日，"澳门四界救灾会回乡服务团"正式成立，中共澳门特支组织委员、四界救灾会理事廖锦涛担任团长。次年4月，四界救灾会回乡服务团成立中共动员青年回乡服务支部，书记胡泽群，组织委员沈章平，宣传委员梁铁。组建后的服务团以下各队也秘密建立了中共支部或党小组，第一队由队长李云锋任支部书记，第四队党支部书记兼领队胡泽群、队长梁铁，第五队领队胡泽群、队长曾宪猷、支部书记李淑明，这些党小组和党支部组织关系转入所活动地区，接受当地党组织领导。

党不仅领导回国服务团开展抗日宣传、战地服务、上战场作战等活动，还派出党员干部和进步青年到国民党军队中进行工作，如1939年2月至1941年底，四界救灾服务团八个队200余人由中共广东省委青年部安排，先后加入国民党第十二集团军政总工队（占政工总队总人数的12%）、第四游击纵队政工队、广州市区游击第二支队开展政工工作，有些队员后来还直接当上了战士并成为武装骨干。旅澳中国青年回乡服务团也于1939年11月，经中共西江特委批准，参加了国民党广东省税警总团政训处政治大队。他们在党的领导下，通过深入部队，为士兵上政治课、时事课、识字课，开展文娱活动，在改造旧军队，团结国民党抗日方面做了大量的工作。

党还领导回乡服务团与国民党反共逆流进行斗争。皖南事变前后，国民党掀起第二次反共逆流，在十二集团军政工总队内任中共工委书记和七战区政治部政工总队总支书记的廖锦涛，及时联络在此集团军内部工作的中共地下党员，要求大家政治上提高警惕，组织上更加隐蔽，坚持斗争，抗战到底。当廖锦涛等在政工总队工作的政工人员被捕或被害后，集团军内的党组织又及时研究了应变措施，揭露真相和阴谋，宣传廖锦涛的抗战事迹和革命精神，有计划地组织队员撤退，同国民党反共逆流进行了针锋相对的斗争。

（五）建立阵地、开展活动

早在1935年，共产党员柯麟，受香港潘汉年、廖承志委派，来到澳门。柯麟凭借自己名医的身份，设法进入了镜湖医院工作，他不仅同工商界、教育界人士保持着广泛的联系，而且以高明的医术、高尚的医德，在穷苦大众中享有声望。抗战爆发后，柯麟挑选进步青年，组成"青年战地救护团"，亲自上课，讲授抗日救国道理，组织一些在澳门开诊的中国医生，为团员进行救护知识训练。柯麟还把广州沦陷后迁到澳门的一些名医联合起来，于1940年成立"镜湖医院西医顾问团"，对战地救护团进行指导，这个团先后开赴广州、石岐等地参加战地救护工作，为抗日救亡做出了贡献。五桂山游击队的伤病员经常被秘密送到镜湖医院救治，他们得到了柯麟医生和其他医护人员的精心治疗和安全保护。[①] 由党员黄健、杜岚主持的濠江中学，以学校为阵地，组织妇女互助社和学生救亡团体，积极开展抗日救亡宣传，同时组织学生走出校门，开展社会活动，动员更多的群众加入抗战队伍；党还以该校作为立脚点，安排党员在此工作。

（六）以澳门为桥梁，抢救爱国人士

1941年12月，太平洋战争爆发，香港沦陷，在港的800多名文化界人士和爱国民主人士以及抗日的国民党人和国际友人面

[①] 鲁阳等著：《柯麟传》，澳门国际名家出版社1993年版。

临被日寇围困和杀害的危险。周恩来急电八路军驻香港办事处和广东党组织，不惜一切代价"抢救文化人"。根据中央指示，进入港九的抗日游击队在中共南方工委领导下，在港九地下党的配合下，终于完成了这一项重要任务。在营救这批爱国人士的过程中，中共将澳门作为从香港经长洲岛偷渡到澳门，再从广东境内到达桂林这一营救路线的中转站，安排了部分因在香港逗留时间长、容易暴露身份，或因年老体弱，不适宜跋山涉水的文化人士分四批从澳门撤离。这些人士到澳门后，在澳门中共秘密联络点镜湖医院帮助下经广州湾或经中山、江门、台山到了桂林，柯麟在其中做了大量的工作。夏衍、范长江、梁漱溟、金山、司徒慧敏、蔡楚生、千家驹、王莹、郁风、金仲华、谢和庚、华嘉、孙晓思、孙明心等近百名文化界人士和爱国人士就是经此路线转移的。一大批文化人亲身感到在危难之际，中共千方百计营救他们，大公无私，情意深重，因此对中共更加信赖。在这些行动中，濠江中学亦尽力配合。黄健还凭借自己特殊的身份，广泛地同国民党官员、地方实力派等头面人物甚至敌伪人员打交道，尽力抢救爱国文化人士。

（七）在珠海开展的抗日活动

首先，宣传组织动员民众，进行抗日斗争。抗战初期澳门进行的抗日救亡宣传活动，除了在澳门和离岛进行外，还远及毗邻的珠海等地区。特别是党领导的抗日救亡宣传更是将组织团员走出澳门，到附近的农村去开展宣传作为一项重要的工作任务。如大众歌咏团团长廖锦涛带领团员到湾仔和吉大向群众公开演讲，陈少陵、杨岭梅带领旅澳服务团开赴四邑开展宣传，廖锦涛、余美庆等人创办的前锋剧社，两次徒步沿钟山县东、西两线到各乡宣传，以标语、漫画、壁报、歌咏、巡回演出、召开演讲会、找群众个别谈心等形式，发动群众开展抗日救亡运动。澳门四界救灾会联合澳门其他社团，到湾仔举行国民抗敌宣誓大会，到会人员举手宣誓"矢志为国，不做汉奸"，场面庄严，气氛热烈，会后还举行游艺晚会，当地上千居民前往观看，收到了很好的宣传效果。1938年5月，盘踞在大小横琴一带的日军出动100多人坐橡皮艇企图登陆洪湾，被中国守军击退后，澳门同胞慰问团携带澳门热心人士捐助的食物和药品等物资，到洪湾慰问抗日战士，并向他们赠送锦旗。澳门抗日团体还在湾仔、前山等地举办军民联欢会，受到当地群众和驻军的欢迎。所有这些，都有力地推动了珠海民众抗日救亡运动的开展。

其次，经珠海返回中山等地投入抗日武装斗争。在祖国人民的感召下，不少热血青年返回内地参加抗战。1938年10月下旬，四界救灾会回乡服务团工作委员会成立训练委员会，负责训练服务团成员，当时训练营设在湾仔。服务团各队赴内地前，均需分批到训练营参加为期一个星期或十天左右的训练，然后再奔赴抗日战场。抗战时期，刘帼超医生在毗邻珠海的中山三乡，选择水陆交通方便而又较僻静的地方开设平岚博爱医局（医院），凤凰山、五桂山游击队的战士们负了伤，染了病，都到这里来医治。平岚博爱医局成为游击部队的秘密后方医院。

1944年春天，中山游击队先后派出郑秀、郭宁等以普通老百姓的身份进入澳门，建立一个秘密的办事处。他们通过各种渠道传播共产党的抗日主张和敌后游击队胜利的消息，吸引了那些热爱祖国、坚持抗日、倾向进步的澳门热血青年，一批批秘密地来到五桂山，参加代号为"纽约桥"的青年训练班。

据珠江纵队李铁说：地下组织传播共产党的抗日主张和敌后抗日游击队胜利的消息，吸引了一批又一批进步的热血青年来到五桂山参加抗日。游击队专为这些青年开办训练班，代号为"纽约桥"，取意为训练班起到了沟通家乡与海外的桥梁作用。

1944年7月初，李嘉（现名李成俊）、刘光普等10多名来自澳门纪念中学、培正中学、濠江中学、中德中学、行易中学等学校的青年学生，徒步来到五桂山，抵达当天正好是"七七"

卢沟桥抗战七周年纪念日。他们后来参加了首期"纽约桥"青年训练班。①

这些青年学习结束后，有的被派到连队担任文化教员，有的直接到游击队当"政治战士"（负责宣传鼓动工作），女青年则被分配到医疗站（简陋的战地医院）或到连队担任卫生员，从事救济伤兵的工作。"纽约桥"青训班在战斗中牺牲了不少澳门儿女，其中有胡兆基、陈君芝、郑诚之、赖冠威等，"纽约桥"青训班在澳门的组织者之一郑秀也献出了自己宝贵的生命。

党在澳门活动的据点濠江中学，以办夜校的形式，吸收进步的工人、知识分子和学生，秘密办了12期青年训练班，系统地讲授了《新民主主义论》，进行了形势教育和纪律教育，讲述军事和群众运动常识等课程，分期分批地输送骨干到游击区去，参加武工队或政治工作。第一期参加学习的爱国青年，结业后，即组成武工队，来到靠近新会边界的中山马㲪，名为"马㲪武工队"，后交给中山党组织领导。当第二批学员培训工作结束后，先派5位学员前往中山、新会边境游击区工作，经前山时，遇到国民党军队的拦截扣押。为了营救这些同志，黄健废寝忘食，四处奔走，筹集5000多元赎金，使他们全部获释并到达目的地。这些进步的学生、工人、知识分子，经过短期培训教育，输送到游击区参加武工队或从事政治工作后，扩大了骨干力量，配合了五桂山游击队的活动，对迎接人民解放军渡江南下，解放中山、珠海起到了一定的作用。

---

① 李铁口述，李冬执笔：《珠江纵队战士李铁回忆录》，暨南大学2009年，第78—79页。

第三章

中华人民共和国成立
至二十世纪五六十年代

一　中华人民共和国成立前后

　　1941年冬,香港沦于日寇。澳门成为中立地区,政府明令"学校的一切活动,不能带有政治色彩"。濠江中学受到政府很大的压力,处境日益险恶,为了维持学校运作,把近西街和天神巷的中学部,迁回镜湖马路与小学部合址,以减少经济开支。1943年初,学校又改办为"免费中学"收纳贫苦人家的少年儿童入学。得到了广东著名画家高剑父、沈仲强、何磊等人热心绘画捐赠,组织义卖筹款。这个时期的困难,可以说是对杜岚的考验,但她与黄健仍然保持勇于赴汤蹈火的精神,并肩挑起艰苦创业重担。①

　　1947年,在香港工委饶彰风的领导下,黄健执行上级交给的任务:在澳门开展统战工作,组织武装,研究策反,并协助珠江地委、中山县委设立交通联络站,做好艰苦作战的准备,迎接解放的来临。1949年3月底,饶彰风派方源湜、汤生、施展三位同志,到澳门协助黄健进行具体工作。

　　1949年4月,"中(山)新(会)边境武装工作委员会"

---

① 杜岚:《怀念老伴黄健》,引自黄洁琳、叶苍、周飞鸿、方源湜、尤端阳编《纪念黄健同志逝世十周年》,1992年,第20页。

成立，由黄健任主任兼组织工作，方源湜负责宣传，汤生、黄森负责军事，陈满负责财政，施展负责交通联络，随后又派周挺负责与中山县党组织以及五桂山游击队联系，并赴第一线开展武装斗争，负责与黄森及其部属策划武装起义的具体行动。

黄森当年是国民党中（山）新（会）联防主任，兼中山县联防大队长，拥有一定的武装实力。为此要争取与黄森商谈的机会，说明共产党的政策和形势。当事情取得进展以后，八区党组织先后派陈培克、周挺到澳门与黄森谈话多次，并商定起义事宜。与此同时，共产党员黄健与方源湜在香港工委的直接领导下，拜会澳门热心爱国的陈满医生，根据新华社1949年新年献词《将革命进行到底》的精神，畅谈共产党领导的人民解放军与国民党军队力量的对比，展望解放军即将渡江南下，面临全国解放的前景，与陈满取得共识，决定通过陈满发动他的至交黄森共商起义大计。1949年9月，黄森率部284人，携带火箭筒、六〇炮各1门、重机枪1挺、轻机枪5挺及其他武器一批，在八区龙坛起义。黄森率部起义，严重打击了国民党的军事部署，同时对教育人民不打内战，起到了深远的影响。之后，他们还成功策动广东保安师一师、东江护路总队、顺德糖厂驻军等武装起义，耐心说服已逃亡澳门的国民党某部汽车连归降中山，增添了迎接解放工作的力量。[①]

1949年10月1日，北京天安门升起了第一面五星红旗，在濠江中学校长杜岚的亲自主持下，澳门濠江中学也升起了澳门历史上第一面五星红旗。可是，澳葡当局却因此而责备濠江，面对澳葡当局为什么升挂五星红旗的诘问，杜岚理直气壮地反问："澳门是中国领土，为什么不允许升挂中国的国旗？"澳葡当局无言以对，只好应允升挂一天。但濠江中学不畏权势，坚持高挂五星红旗，五星红旗在濠江中学、在澳门上空高高飘扬了整整三

---

① 赵艳珍：《珠澳关系史话》，珠海出版社2006年版，第168—169页。

天，为全澳各界迎接解放，庆祝中华人民共和国诞生做出了榜样，产生了较大的影响。

1949年11月20日，澳门居民庆祝中华人民共和国诞生、中央人民政府成立、广州解放暨劳军大会在澳门平安戏院隆重举行。是日，平安戏院门前建搭起一座牌楼，牌楼上高悬着五星红旗和题词标语，会场内部，五星红旗和孙中山、毛泽东的头像悬挂在主席台上，参加会议的工人团体和单位共21个，各业工会及商界、知识界、文化界、学生总会筹委会、学生联谊会、民主妇女会、新民主协会、华侨协会等各界代表近2000人参加。大会开始后，唱国歌，向国旗及孙中山、毛泽东头像鞠躬。主席团主席柯麟（澳侨协代表）致开幕词，各界代表何贤（镜湖医院慈善会主席）、黄健（新民主主义协会代表）、梁培（工联总会代表）、张晴辉（新民主妇女会代表）等相继演说，阐述庆祝大会及劳军的意义，呼吁全澳同胞团结起来，为新中国的诞生而努力。[①]

1947年，杜岚接任校长的职务。当时原有的教师纷纷离校回内地工作，学校按爱国教育的需要，聘请圣罗撒中学的教导主任朱伯英当名誉主任，并请名校的体育和各科教师来兼课以扩大团结面。1949年，她在学校举办了多期的青年培训班，向他们讲授《新民主主义论》，取得很好的成绩。杜岚推动的爱国教育取得成果，使她更坚定教育方向。

1949年中华人民共和国成立，国民当局退守台湾，国共双方都试图加强在香港及澳门的影响力，使澳门政治环境产生变化。在教育方面，可以从中华教育会和学校发展两方面来看。

（一）中华教育会

杜岚与一班教师，进入中华教育会内组织，领导该会支援新中国的教育事业。

[①] 赵艳珍：《珠澳关系史话》，第176页。

据1948年澳门世界出版社编印之《澳门今日之侨运》所载，中华教育会成立的情况如下：

> 澳门中华教育会，为全澳华人之教职员组织而成。于民国九年经葡政府及粤省教育厅批准设立，以遵照中华民国教育实施方针，及研究教育事业发展地方教育为宗旨。民国九年梁爵卿、刘雅觉、刘紫垣、容循道、傅子光、陈永康等热心教育诸先生倡议组织斯会。当时崇实校长梁彦明先生适曾参加中山县七区区教育会之组织。萧规既备，大可曹随。爰借镜筹办，历时半载，得以成立。向当地政府备案定名："澳门华人教育会"选出正会长为刘雅觉司铎，曾次崔副之。其当选为评议员及各部则有：冯新雪、刘斐烈、周静生、容循道、刘紫垣、梁彦明、区建邦、吴社荣、郭辉堂等。旋于民国十二年七月奉葡京核准立案批示。当经澳门政府宪报公布及卫署登记手续，遂为本澳一合法之教育团体。举办平民夜校，及露天学校，又假同善堂举办通俗教育演讲会，及编印教育刊物校历等。阅三年，该会以国内各行政及教育机构改为委员制，遂亦变更并易名为"澳门中华教育会"。
>
> 民国廿二年经国府侨委会立案。该会初由刘雅各任会长，后由梁彦明任主席。会址在南湾巴掌斜路六号崇实中学校内。复于民二十五年七月奉侨务委员会训令组织理事会，并为两年一任。侨委会有华侨教育总会之组织。复核准取得华侨教育会澳门分会地址。惟仍用原有名称。①

澳门中华教育会成立后，国民党在澳著名人士梁彦明长期主持该会工作。梁彦明于1910年加入中国同盟会南方支部，是同

---

① 《澳门中华教育会史略》，澳门世界出版社编《澳门今日之侨运》，澳门世界出版社1948年版。

盟会在澳门的中坚人物。1928年曾负责国民党广东省清党工作。[①] 自1927年国民党澳门支部设立后,梁彦明长期担任国民党支部重要负责人。在澳门,梁彦明公开身份是崇实学校校长。澳门教育会的创办,梁彦明起了直接推动作用,教育会的会址也设在崇实学校内。从20世纪20年代中期起,梁彦明成为教育会主要负责人,直到1942年12月因热忱于澳门的救亡济难而不容于日奸终致遇刺身亡。其间,梁彦明一直主持教育会工作。梁彦明遇刺后,教育会仍然由国民党人士主持,但会务由活跃转趋沉寂。抗战胜利后,教育会会务恢复正常。1945年,教育会改选,选举圣若瑟中学教导主任陈道根担任第18届理事会常务理事。[②] 直到1950年,陈道根是该时期教育会的主要领导人,掌握教育会印鉴。虽然继1946年何贤首次获选为教育会监事后,1947年柯麟进入教育会成为第20届监事会成员,但是教育会的政治转化关键在于对陈道根的争取。1949年11月,教育会第二十七次会员大会,讨论如何策动全澳华侨学校师生庆祝中华人民共和国诞生,结果"原则通过,办法由下届理监事拟定执行"。

1949年,中华教育会理事会选举结果,濠江中学校长杜岚等一批倾向新中国的教育界人士进入理事会,马万祺获选入监事会,陈道根仍任理事会负责人。对于1949年与1950年之交的陈道根来说,教育会内与日俱增的政治分裂与每况愈下的个人健康是其必须应对的两个困难。就在陈道根处于内外交困的艰难的时刻,马万祺、何贤、柯麟主动伸出援助之手。在马万祺的安排

[①] 《中国国民党澳门支部沿革史》,澳门世界出版社编《澳门今日之侨运》。

[②] 虽然在1945年11月12日教育会选举中,吴秋荣得票99张,高于陈道根的97张,在理事会中名列第一,但该年陈道根向南京政府教育部呈送的有关澳门中华教育会改选情况报告附列《澳门中华教育会第十八届理监事名表》,陈道根以"常务理事兼总务主任"职别列第一。可见,陈道根为教育会实际负责人。参见《澳门中华教育会成立七十五周年特刊》,澳门教育出版社1995年版,第234页;中国第二历史档案馆《中华民国史档案资料汇编》第五辑第三编,江苏古籍出版社1994年版,第445—446页。

下,陈道根住进镜湖医院,柯麟亲自为其治病。对于因圣若瑟中学校长何心源神父①和圣若瑟中学退会后教育会一时无办公地方的问题,何贤、马万祺决定借出商会二楼给教育会作为办公场所。马万祺、何贤之举解除了陈道根的政治疑虑,他将教育会的印鉴、档案交托给马万祺、杜岚等人,澳门中华教育会的领导权顺利地转移到倾向新中国的进步人士手中。②

创刊不久的中华教育会会刊《澳门新教育》对中华教育会的新旧交替作出评价:"成立了三十年,长期在反动统治的控制、压迫、毒害、麻醉下的澳门中华教育会,由去年(引者注:指1949年)十一月改选后就以一个崭新的姿态出现于社会人士面前。……去年冬,解放大军南下,祖国人民抬头了,被压迫者翻身了,这一形势,就像电一般快地震动着每一个澳门教育工作者的心弦……在全澳同胞爱国民主运动的配合下,在积极分子的倡导下,在大多数会员同寅的觉悟下,澳门中华教育会就高举起五星红旗,追随着祖国朝着一个方向前进。"③

1949年10月之后,澳门新成立一批亲台社团组织,一类是直接与共产党争夺政治控制权而在相同行业内成立的职业组织。如1952年12月15日成立的澳门工团总会及其下辖的"自由"工会组织。另一类是赤裸裸的反共团体。如1950—1952年,一支反共游击队"中一六部队"在澳门公开活动,该组织每年在澳门国际大酒店举行盛大宴会庆祝"双十节",并邀请外籍人士参

---

① 有关何心源是退会还是分裂问题,有待查实。因为在1964年出版的《澳门华侨志》所列"澳门自由侨团名列表"中,仍然列有"澳门中华教育会",其负责人注明是"何心源"。如此,何心源当是另立组织,而不仅是退会。

② 参见刘羡冰《澳门教育史》,人民教育出版社1999年版,第283—285页;《澳门中华教育会成立七十五周年特刊》,澳门教育出版社1995年版,第234页;中国第二历史档案馆编《中华民国史档案资料汇编》第五辑第三编,第445—446页;谢常青《马万祺传》,中国文史出版社1998年版,第200—205页。

③ 素梅:《一年来的澳门中华教育会》,载《澳门新教育》第3期(1950年11月12日),第1页。

加。教育方面有在1953年11月12日成立的澳门中华自由教师联合会，属于第一类。① 20世纪50年代初期，澳门出入境政策宽松，内地接连不断的政治运动驱使邻近澳门地区的一些大陆同胞移居澳门。台湾"大陆灾胞救济总会"在澳门设立"流亡澳门难胞总会"，附设于南湾街91号内的"中华民国外交部驻澳专员办事处"办公。同类机构还有华侨救国总会澳门办事处、广东省流澳难胞同乡联谊会、粤港澳记者联谊会、联义社等。

上述亲台团体在1966年前在澳门仍有相当影响力。如中华自由教师联合会定期向亲台侨校提供资助，对侨校教师发放津贴。澳门工团总会组织所属劳工团体，举办各种活动，筹款兴建了一所"澳门自由劳工大厦"作为会址（该大厦于澳门爆发"一二·三"事件后的1967年初被澳葡当局关闭）。工团总会还办了一个"澳门自由侨胞福利会"，属互助社性质，参加者大多是年龄较大的中下层人士，入会者在过世时可以得到一笔帛金，可以解决丧葬费，还可在报纸上登出讣告和有乐队送葬。② "流亡澳门难胞总会"向逃到澳门的内地"难民"发放每人20元港币的临时生活费和一张"难胞证"，"难民"可以凭"难胞证"向澳门治安警察厅领取身份证，转为澳门合法居民。③

（二）学校发展方面

在教育方面，大量人口由内地迁至澳门，加上战后经济的残破，造成大批学生失学，澳门的教育也因此发生了变化。

为了解决失学华童的问题，私人办学的风气再度活跃起来，开始澳门教育史上的第三次大办义学的高潮。办学的团体，一些

---

① 华侨志编撰委员会：《华侨志·总志》，台北：华侨志编撰委员会，1956年，第363页。
② 李福麟：《澳门四个半世纪》，澳门松山学会，1995年，第180页。
③ 娄胜华：《转型时期澳门社团研究》，广东人民出版社2004年版，第100—101页。

是支持新中国的团体组织，他们组成了"澳门劳工教育协进会"，推动不同工会组织开办学校，例如海员工会办的"海员小学"、菜农合群社的"菜农子弟学校"、中华总商会把属下商业训练班扩办为"商训夜中学"。一些是宗教团体开办的学校。跟以往不同，这时期天主教和基督教开办的，都是面向平民，收费低廉的学校。例如圣德兰小学、庇道学校、海星学校、宣道实用小学等。部分获美国等外来援助的学校，还向学生派发救济品。此外，也有由亲台湾的工会社团开办免费学校。[1]

杜岚领导下的濠江中学，仍然向两个方向发展，一是配合人口变化，尽量吸收学生，解决儿童失学问题。二是在内战时期，配合国内形势需要，举办了多期的青年培训班，向他们系统地讲授《新民主主义论》、群众运动常识和分析国内外形势等，培养他们成为骨干力量，输送回内地，迎接解放工作的需要。她还冒着危险，掩护了不少海内外爱国进步人士，通过濠江中学作隐蔽居留并护送他们平安出境，前往中山、新会前沿阵地参加战斗。这是她在教育工作之外，不为人知的伟大的任务，坚定地迎接着黎明的来临。

二 五十年代的濠江中学

五六十年代，澳门社会受国际局势影响，人口和经济都有很大的变化。澳门的教育发展，亦随着人口变化而作出相应调整，大方向是随着学生的人数增加，学位而需要增加，而濠江中学也是大环境的轨迹来发展。

1950—1960年，澳门人口减少1.8万余人，同期自然净增8078人，实际上澳门人口减少2.6万余人（详见表3-1）。主要是新中国成立不久，澳门当局追随美国对内地禁运，使刚从战后复苏的澳门经济受到严重挫折。内地经济在1958年以前发展迅

---

[1] 刘羡冰编著：《澳门教育史》，人民教育出版社2002年版，第19—21页。

速，吸引了不少澳门居民到内地升学和工作，也有一部分迁往海外。1960年澳门人口降至17万人以下，为近年人口的最低点。60年代以后，澳门经济开始发展，同时内地政治经济形势发生变化，加上自然灾害，导致了一些人口流向澳门。

表3-1　　　　1939—1970年澳门历次人口普查结果

普查年份	总人口	普查期间变动率（％）	平均年增长率（％）
1939	245194	56	3.78
1950	187772	-23.4	-2.4
1960	169299	-9.8	-1.03
1970	248636	46.9	3.92

1950年开始，在新中国成立，全国呈现稳定发展的现象鼓舞下，杜岚推动濠江学校的澳门教育界作进一步的发展，积极进行学校扩建工作。她艰辛地觅得螺丝山脚下的岐关车场作为兴建中学的地址。当时车场是一块遍地油渣的荒地，杜校长号召全校师生，遵循"艰苦朴素，勤劳勇敢"的校训，以"劳动创造世界，劳动创濠江"的实际行动，投入扩校建设。全校师生凭着坚毅的意志和顽强的双手，把油渣地改建成操场，夷平山岗盖校舍，逐步把废置的荒地建设成为培育青少年的校园。

1952年，杜岚看到国家建设兴旺，处处需要人才。为了配合国家及澳门邻近地区日后发展的需要，兴办简易师范班，培训20多人，补充小学师资。翌年，创办高中部。其后，更把山岗夷平，建成宿舍大楼，改善了寄宿生的居住环境，又建成A座教学大楼。1954—1955年，扩建小学部和幼稚园。当时中学部、小学部、幼稚园的学生人数不断增加，已达1200人，并培养出第一届高中毕业生。其间，印尼开始排华活动，大批华人进入澳门，濠江扩展的结果，解决了因为印尼排华，印尼华侨学生要求入学住宿的要求。

从杜岚在庆祝中华人民共和国国庆七周年的讲演，向澳门各界同胞的讲话中，看出她对国家发展成就很受鼓舞，希望为国家日后进一步的大发展做好准备，其中更特别提到人才培养。认为中小学教师、专家等都要为国家建设培养人才、专心科学技术的研究作贡献。

庆祝中华人民共和国国庆七周年
杜岚向澳门各界同胞讲话

同胞们！七年前，我们国家还是一个贫穷落后的国家，工业建设基础很薄弱，连一颗螺丝钉也要靠外国进口。但今天祖国解放了，新式汽车也可以自己生产了，这是令人振奋的喜讯。我曾经到东北参观，长春第一汽车厂大得惊人，整个工厂像一个城市，比澳门要大得多。过去我国的留学生也提出过要学习研究，要自行设计制造汽车。美国汽车大王竟断然地说："制造汽车是非常复杂、精密的技术，中国能制造汽车，这是难以想像的，死了这条心吧！还是买我们的车吧！"过去，中国是外国汽车展览馆，百多种牌子的外国汽车在我国行驶；但是，今天已是另一番景象了。最近，缅甸贸易代表团来华参观，到长春汽车厂要求驾车拍照片，拍了好多张，觉得无上光荣。短短几年，我们已经可以自制喷气式飞机、拖拉机、火车头、轮船，什么也可以自制了。作为一个中国人，怎能不感到高兴和自豪呢？！

由于祖国的经济建设成就大，人民生活也相应有了改善。

今年全国职工增加工资，平均增加15%；农民参加农村合作社后，普遍增加了收入，有些富裕地区，不但丰衣足食，还有收音机、电灯、电话，有电影看。农村俱乐部全国有34万个。人民生活的改善，也是令人高兴的。

国家要实现工业化，必须要有大量技术人才，所以今年新开办了39间大学，培养更多的人才为社会主义建设准备力量。国家对知识分子特别重视，对华侨、留学生都很看重，在全国各地风景优美的地方，修建了休养所或疗养院供专家、教授和老师们轮流休憩。全国的科学专家、大学教授、中小学教师都尽心尽力为国家培养人材，并专心研究科学技术作贡献。

人民生活好了，对一律穿着蓝、灰色的服装，萌发了改换的要求，因此，全国一些大中城市举办了服装展览，纺织业也增添了很多花色品种，满足了人民群众的需要，祖国各界人民已穿得比解放初期好得多了。过去我们回内地穿着显得很摩登，现在可不见得特殊了。有一位老师回去参观，听人说"不能穿得太好，因为内地人看不惯"，所以不敢带新衣服，回去后，才知道这已是陈年往事了。

同胞们！今天庆祝国庆节，讲起祖国建设骄人，人民生活幸福，我们怎能不高兴呢？让我们大家热烈鼓掌表示对祖国的祝贺吧！

同胞们，我们今天在澳门，生活、工作都有困难，但祖国是时刻关怀我们的。过去，这里所举办的"苏展"、"捷展"和艺术团来澳访问就是事实，使我们非常感动。

今后，我们只有加强团结，不分彼此，发扬互相帮助的精神，做好同胞福利工作共渡难关，将来我们一定和祖国人民一样过上幸福美好生活。

1956 年 10 月 1 日

新中国成立不久，澳门当局追随美国对大陆禁运，使刚从战后复苏的澳门经济受到严重挫折。1950—1956 年的澳门，经济发展十分困难，1950 年朝鲜战争爆发，1951 年联合国实施禁运政策。1952 年美国对澳门和香港实行贸易管制。澳门"商务调整委员会"在 1953 年公布征收入口货物 5% 的消费税和按金，打击了澳门的进出口贸易。美国规定澳门爆竹在美国销售额仅为

85万美元,其余商品一律禁止进入美国市场。这样一来,澳门的神香、火柴、腊鸭等传统手工业生产因失去美国市场而倒闭。全澳的工厂由1947年的166家减至1957年的107家,产值仅有2.6亿元,工人仅有1.4万人。对外贸易总额由1949年的4.52亿澳门元下降至1956年的1.14亿澳门元。① 据1957年澳门工业情况调查,工人只有17615人,爆竹、神香、火柴三大传统手工业占了九成,可见经济结构和环境基本停滞不前。

60年代以后,澳门经济开始渐有起色,纺织业逐步发展。这个时期澳门纺织业的兴起,吸纳了许多人口,1965年仅纺织工人就将近万人。但整体来说,澳门社会仍然落后,经济生活困难,教育工作者一般薪水较低。当时,杜岚为了教师行业,为了教育事业,为了培育国家人才,提出发展福利事业来配合教育事业的发展。

发展福利事业,推广爱国主义教育
—— 庆祝国庆的具体任务

杜岚

澳门教育工作者薪金微薄,生活困苦;职业更没有切实的保障,因此对于饭碗问题看很严重。同时因工作分散,甚少大规模集中的机会,因而组织性不强。在思想方面,由于过去反动统治的强大,大家长期处在被麻醉,被迫害,被歧视的状态中,今天虽然人民祖国强大起来,而残存在大家脑海中的旧包袱,依然很重。这两种情况结合起来,就是教育工作者的个人打算,诸多顾虑,悲观消极的思想根源。这种思想留存在通常状态中,很难被人发觉;但处在时代变幻中,就表现得明显尖锐了。自一九四九年中央人民政府成立

---

① 黄启臣:《澳门通史》,广东教育出版社1999年版,第521—522页。

以来，部分的先进教育工作者，在时代的冲击下，首先站起来，奔走呼号，号召同仁团结爱国，为解除人民大众及自身的痛苦而奋斗，迄今已两年了。两年来，由于客观条件的限制，由于教育工作者思想发展之不同，新文化教育运动的推扩就发生了若干问题。这些问题如果得不到合理的解决，新文化教育运动就得不到预期的效果了。本年中华教育会以发展福利事业为中心工作，这是对症下药的措施。这是团结教育工作者的重要步骤，这是全心全意为会友们服务的表现。这工作做得越好，就越能帮助教育工作者解决困难，消除顾虑；又由于福利事业的展开，互助运动的展开，就更能够增加彼此间的联系，交流彼此间的经验感情，增进团结的力量，从而提高教育工作者斗争的信心和决心。所以我们认为发展中华教育会的福利事业是会内压倒一切的重要工作。今天，中华教育会的福利事业还是初步的建立，能贡献于教育工作的同仁很少，因此继续发展，提高，依然是严重、艰苦、长期的任务。

我们发展福利事业的目的是在团结力量推广新文化教育运动，以求彻底解除人民大众及自身的痛苦，既如上述，然则，我们是否待福利事业发展完满之后才谈推广新文化运动呢？不，我们决不这样机械地处理问题。应该是两者互相结合起来，福利事业办得好，固然有助于推广新文化教育运动的发展，而新文化教育运动之发展，也是发展福利事业的条件。因为新文化教育运动推广了，更能帮助大家搞通思想，认识方向扩大和巩固自己的队伍，增大发展福利事业的力量。

在过去，反动派也曾提倡爱国，但是他的所谓"爱国"是狭隘的，反动的，错误的，我们万不能再拿来教育后一代了。今天我们所提倡的爱国主义教育是现实的，是国际性的，是正确的。我们要使大家认识今天的人民祖国才是自己的国家，才是可爱的，才是有前途的，从而推动大家去拥护它，这一思想解放运动的工作，在澳门看来也不是短期的，从心所欲的，必须经过艰苦的奋斗。今天，澳门的教育工作者，推动了若干间学校采用新课本出版了自己的刊物，无疑是有点成绩，但是距离客观形势的需要尚远，还须继续不断的，多式多样的，长期艰苦地斗争下去。目前面临我们教育工作者的任务，是如何发动广大中间落后群众拥护新课本，接受新教育；一方面固然要大力推行，使到家喻户晓，深入学生，深入家庭，一方面又要耐心教育，使到人人自动自觉。是以我们必须结合福利事业，团结大多数教育工作者，齐心一致，有步骤，有力量地去进行工作。①

杜岚凭自己的努力，获得今天的成就。其间特别感受到旧社会对妇女教育的忽视，十分不满。当时看到新中国的发展，一日千里，全国妇女的文化水平提升，她注意到各级学校中的女学生人数增加了。据1954年统计，大学女学生人数为总人数26%左右；中学女学生人数占总人数25%左右；小学女学生占总人数36%左右，整体呈现增加的趋势。她在1960年3月8日《澳门各界妇女庆祝"三八"国际妇女节特刊》中指出，新中国由于贯彻执行了全民办教育，实行人民公社政策，使妇女从繁琐的家庭事务中解放出来，有充分的时间，学文化、学科学知识、学技能，积极参加社会建设。在全民办教育的政策下，全国参加学习的人数已超过1亿6千万以上，脱盲的人数亦达5千万以上，其中妇女脱盲的成绩巨大，占总人数70%—80%，出现了女文盲变教师，女工人变作家，女农民变大学生等的情况。

---

① 《澳门教育工作者庆祝中华人民共和国国庆特刊》，1951年10月1日。

中国妇女的文化水平大大提高

杜岚

中国革命取得了伟大的胜利，全国妇女也得到了真正的解放。

解放后的祖国，不但在政治上、经济上使妇女翻了身，并且多方面鼓励妇女学文化、学技能，因此全国妇女的文化水平，爱国觉悟不断提高。

特别从一九五八年以来，在总路线光辉照耀下，在大跃进和人民公社推动下，全国工农生产事业得到飞跃发展，文化教育事业也随工农业的大跃进而有了空前规模和迅速发展。据一九五八年统计我国高等学校的学生有六十六万，比一九五七年增加百分之五十；中等学校的学生有一千二百万，比一九五七年增加百分之七十；小学生有八千六百多万，比一九五七年增加百分之三十四，以上各级学校学生中女学生的人数也相应增加，一九五四年统计大学女学生人数为总人数百分之二十六左右；中学生女学生人数占百分之二十五左右；小学生女生占总人数百分之三十六左右，近年来女学生的人数就有了更大的增长，兄弟民族的妇女也获得了受教育的机会。过去来说，新疆在历史上从没有女人读大学，现在单在北京就读大学的女学生就有几十人。

同时祖国由于贯彻执行了全民办教育，教育与劳动生产相结合的方针，全国人民都卷入了万民教全民学的扫盲运动和业余学习的浪潮中去，许多人民公社和厂矿企业，都自己办起了各种业余学校，半工半读的农业中学，红专大学，不少省市已做到乡乡有中学。

因此全国参加学习的人数已超过一亿六千万以上，脱盲的人数亦达五千万以上，其中妇女脱盲的成绩也巨大，占总人数百分之七十到八十，于是女文盲变教师，女工人变作家，女农民变大学生等的事实像神奇的故事般到处被歌颂，大有一夜春风，花开满园之慨。中国妇女的精神面貌为之一新，大大提高了他们的社会地位和积极性。

中国妇女今天已进入彻底解放的道路，这都是因为人民公社全面为妇女组织了生活和生产，并且大办集体福利事业，使妇女从繁琐的家庭事务中解放出来，才有充分的时间，学文化、学科学知识、学技能，积极参加社会主义建设，因此我们纪念"三八"节不期然要感谢中国共产党和毛主席的正确英明领导！让我们欢呼总路线、大跃进和人民公社万岁！让我们更热爱社会主义的祖国吧！①

杜岚眼见新中国妇女的发展和成就，看到在各项建设中不断涌现出女英雄女模范，创造出惊人的成绩。在三八妇女节的文章中，提出应以祖国女教师为榜样，学习她们热爱教育事业，热爱孩子的精神。勤勤恳恳教好自己的学生，把工作和国家建设事业连接在一起。

祖国女教师是我们的好榜样

微之②

我们当女教师和澳门各界妇女一样都抱着欢欣鼓舞的心情来迎接妇女光辉的节日——"三·八"国际妇女节。

当这个伟大的节日到来的时候，作为中国妇女不期然会有一种自豪和幸福的感受。我们的祖国，在伟大的中国共产党和毛主席的英明领导下，社会主义建设已经取得了伟大的成就。尤其是在三面红旗的光辉照耀下，祖国广大的家庭妇女从繁琐的家务劳动中解放了出来，全国妇女已被引向了建

---

① 《澳门各界妇女庆祝"三八"国际妇女节特刊》，1960年3月8日。
② 微之，杜岚校长的笔名。

设幸福生活的广阔道路,全国妇女也和全国人民一道共同为祖国建设事业而献出自己的力量。在各项建设工作中,男人能干得的事,女人都可以干,在工厂、在学校、在矿山、在原野,在空中、在海洋,在祖国每个角落中都有妇女担当工作,而且在各项建设中不断涌现出女英雄女模范,创造出惊人的成绩。我们不但敬佩腾云驾雾的女飞行员、乘风破浪的女航海员,我们更惊喜女工当上了工程师,女佣当上女县长,据今年统计,上海一地就有五百名妇女担任女厂长女工程师,一间纺织厂就有千多位女工程师和技术员。

回想在旧中国时期,女科学家和女教授简直是凤毛麟角,但在新中国十三年短短时间内,就培养出不少女科学工作者、女教授、大中小学讲师、助教,教师,保育员就更难以计数,而她们在国家关心照顾下,不避艰苦,不怕困难,贡献出一切力量,已为国家培养出大量的建设人才,或正在培养出优秀的下一代,也因此受到国家人民的无上尊敬和爱护。

今天我们庆祝妇女自己的节日,不仅是一种幸福、自豪的感受,还应该进一步真诚学习祖国妇女热爱祖国为祖国贡献出一切力量的爱国行为,更应以祖国女教师为榜样,学习她们热爱教育事业,热爱孩子的精神。勤勤恳恳教好自己的学生,我们的工作是和祖国建设事业连接在一起,我们也和祖国教师一样,有光明幸福的前途。[①]

可是,中国教育在 1958 年便开始实行的巨大变化,当时被视为教育上的大跃进。工人、农民、工农速成中学毕业生以及干部,可以不经任何书面入学考试,凭推荐保送进入大学。高等院校中工、农出身的学生比重逐年上升,由 1951 年的 19% 升至

---

① 《澳门妇女》1963 年 3 月 8 日。

1960年的50%。① 而"文化大革命"时期的教育政策内容，例如进入高等学校之前要到公社和工厂劳动、取消以考试为基础的记分制度、缩短制、课堂理论要与工厂实际训练相结合等，都不会造就高质素、现代化所需要的技术人才和科学家。② 这些改革造成政治动荡，使当时人们对中国教育失去信心。

杜岚关心国家教育事业，为国家及澳门的教育工作尽心尽力。她一面维持濠江中学的运作，一面积极参与澳门地区教育团体工作。杜岚在中华教育会的工作繁多，包括福利文教康乐、参观访问等。福利方面有发放各项福利金，例如保育、丧葬、医疗、失业、教师子女书籍文具等补助金。推动文教事业方面如纪念日座谈会、举办反美座谈会。康乐事业中最大的成就，首先要推第二届学生田径运动会，其次是组织了150人的参观团，参观了石岐、新会，实现老师们参观祖国建设面貌的愿望，使老师们亲眼见到祖国伟大建设成就。此外举办各个节日的各种文艺、康乐活动，文艺汇演晚会等。杜岚十分重视中华教育会的工作，把会务发展的缺点加以改善，在杜岚的领导和积极推动下，中华教育会的会务日进。

杜岚在中华教育会第三十届理事会会务工作报告③

中华教育会第三十六次会员大会今天胜利开幕了！

一年来由于国际上东风压倒西风的形势和国内社会主义大跃进形势的鼓舞，加上澳门同胞的爱国觉悟空前提高，爱国团结力量增强了，福利文教事业都有长足的发展，因而教师的文教福利康乐等事业也得到较大的发展，会员人数增加

---

① 费正清主编：《剑桥中华人民共和国史 1949—1965》（*Cambridge History of China: The People's Republic*），王建朗等译，上海人民出版社1991年版，第448页。
② 兰比尔·沃拉：《中国前现代化的阵痛》（*China's Path to Modernization*），廖七一等译，辽宁人民出版社1989年版，第370—371页。
③ 黄洁琳编：《六十年春秋苦耕耘》，第62—67页。

了，教师的大家庭更加壮大，中华教育会已经成为教师唯一的福利团体；也是澳门教师爱国团结的一面鲜明旗帜，受到了广大教师的拥护和热爱。今天当我们大家庭团叙的时候，我们回顾和检查一年来工作新成就，我们首先应该感谢伟大祖国对我们的鼓舞，同时也感谢各界同胞对我们的支持。

一年来本会在全体理监事和全体工作人员团结合作和不懈努力之下，获得了很大成绩。

一、一年来团结福利文教康乐等事业的新成就

1. 团结福利事业日益发展

由于整个澳门社会经济情况不佳，商业景况也差，办学的困难甚多，教师生活仍然清苦，折扣支薪，甚至欠薪的现象仍然存在。基于这种情况，教育会对于教师福利事业发展更加重视。首先在第三十届理监事就职后即发放了第三次教师生活补助金，领取这次福利的老师有302人，包括72间学校单位，内有会员133人，非会员169人，共发出金额4435元。这对贫困而薪金低微的教师帮助很大，尤其发放时间刚好是旧历年关，教师对教育会及时的关怀深受感动。有位私立学校的老师说："渴时一滴如甘露，年关紧，得到这笔补助金好像雪中送炭那般温暖，不仅暖在身上，而且暖在心头。"有位教会学校的老师说："只有中华教育会才真心真意帮助澳门教师解决困难，不像那些别有用心的人发放什么救济金、救济品要有条件，要取代价。"

其次是经常发放各项福利金，如保育、丧葬、医疗、失业等补助金。领取人次近百，发出金额1400余元；另发放教师子女书籍文具补助金两次，有149位教师的子女376人领取，发出金额是1243元。发放福利金，为教师解决了大大小小的困难，更重要的是给予教师们精神上很大安慰和鼓舞。事实上每当福利部老师亲切地把福利金送到教师手中，尤其是送到病床上的老师或其家属手中的时候，他们常常感

动得涕泪交流。他们说："当我们处在这人浮于事，人情淡薄的社会环境中，真想不到中华教育会这样亲切关怀教师的，我们今后要更加爱会，并使我们的这个团体日益壮大，为教师办更多福利事业！"

再其次是今年增设了结婚补助金。这是为青年老师们而设的福利金。虽然区区 20 元，但意义却非常重大，"物轻人意重"，这微薄的礼金，凝结了全体会员对新婚夫妇的热烈祝贺。祝贺他们白头到老，祝贺他们在爱国主义教育工作中作出更大贡献。

由于我们的福利事业不断发展，使老师们对教育会的认识更加深刻了。就在这个基础上，我们的团结事业也有了发展，今年新会员陆续入会，有些教师虽受到某些阻挠，但他们与我会的联系是紧密的，没有因此间断。有位老师对联络老师说："我虽不方便入会，但我的心早就入会了，对教育会的一切措施我都赞同和拥护。"又有一位教会学校的老师说："我很早就认识到中华教育会是澳门教师的唯一福利团体，但我因环境关系没有勇气入会，今天形势不同了，我不应再左顾右盼，现在我要入会了，并且要和大家一起搞好教师团结和福利工作。"通过我们经常不断联络访问和各种爱国斗争胜利影响，老师们爱国觉悟逐渐提高，很多老师踊跃参加到自己的团体中来，我们的团结面扩大了。团结就是力量，教师的团结福利事业也有了更大的发展。我们工作能获得这样的成就，除受祖国社会主义大跃进的鼓舞之外，这中间包含了我们全体工作人员，尤其是福利部联络员的不怕困难，不辞劳苦的努力是分不开的。这也就是我们各项工作成功的重要因素。

2. 文教事业蓬勃发展

一年来祖国社会主义大跃进，不但工农业生产建设有了伟大成就，文化教育、科学技术事业的发展也是史无前例，我们受到无限鼓舞，也给予我们发展文教事业的信心。今年文教部首先举办了学生习字和美术填色比赛，大大提高学生对书法艺术的兴趣，参加习字比赛153人，包括32间学校单位，填色比赛920人，包括59间学校单位。其次是举行了各种纪念日座谈会，如屈原和鲁迅纪念会，两会都由各校有经验的语文老师担任讲述，使老师们对古代爱国诗人和现代革命文学家都有深刻认识，并从他们伟大的一生中学习到爱国的知识和斗争勇气，更丰富了我们进行爱国主义教育的内容。再其次是举行各种时事座谈会和反美斗争会，会议次数达12次，参加会议的人数每次都在近200人。通过这些座谈会使老师们对国内形势的认识更清楚，对澳门同胞爱国团结力量有了明确的估计，尤其对美帝侵略世界野心和侵略我台湾，企图制造"两个中国"的阴谋罪行加深了认识；也认识到今天我们强大的祖国有足够力量来粉碎美帝侵略阴谋，一定要把美帝赶出台湾去。过往由于美帝假仁假义，老师们对它侵略面目认不清，现在都有了清楚认识，有位老师说："反美座谈会对我有教育，以前我自认有恐美，崇美思想，现在我清醒了，原来美帝是野心狼，是全世界人民，尤其是中国人民最大的敌人。"很多老师积极展开对学生的宣传教育工作，因此大大提高师生爱国反美的情绪，也提高了爱国主义觉悟。这是一年来文教工作中最大收获，也为下届文教工作发展提供了有利条件。

3. 康乐事业成就辉煌

康乐事业中最大的成就，首先要推第二届学生田径运动会。运动会是在今年四月举行，这次大会参加的运动员、表演员共有4400人，男子、女子87项竞赛项目中，有62项打破了第一届纪录。参观者也有六万多人次，运动会的影响和收获非常巨大。这是一次符合澳门师生利益和社会福利的运动，因此得到各校校长、老师同学的拥护支持，也得到社会人士的大力协助,使大会取得比第一届学运会更辉煌的成就。跟着又和学联联合举办了学生游泳比赛运动,这次是创举,参加人数很多,共139人包括33间学校单位,提高了学生参加游泳兴趣,加强了师生团结合作精神。

其次是组织了150人的参观团,参观了石岐、新会,实现老师们参观祖国社会主义大跃进面貌的愿望。这次旅行参观使老师们亲眼见到祖国伟大建设成就,亲耳听到祖国人民幸福生活的报告,更使人感动的是共产党、毛主席深入人心,人民到处欢乐歌颂,使我们深深体会到"没有共产党就没有新中国"的话是正确的。从新会社会主义城市的跃进情况也可以见到祖国社会主义远景,我们深信祖国已处于"一天等于廿年"的伟大时代!因而要更加百倍地热爱祖国,老师们纷纷保证要为社会主义祖国教好下一代。

再其次是本会为发展教师体育活动,组成男女子篮球队参加了历次公开赛。女子球队今年稳坐冠军宝座。在石岐、新会参观时也三战三胜,对老师们健康有帮助,各友校老师间友谊亦因而增厚。

一年来康乐工作,除以上几件较大且突出者外,还有各个节日的各种文艺、康乐活动如元旦、春节、三八、五一、六一、国庆节都有丰富多彩的内容,通过这些活动使老师们艺术才能得以发挥和提高,也借此增进了各校老师间友谊。尤以最近各校老师反美文艺汇演晚会更受老师欢迎。这次汇演不但教育了老师,而且也充分表露出老师们丰富的爱国热情和坚强的反美斗争意志。

二、一年来工作的体会和工作中存在的缺点

工作中的体会:

在困难复杂的环境中,我们能教师团结福利文教康乐等各项工作中取得成绩,使会务不断向前发展,这完全是由于强大祖国对我们的鼓舞;澳门同胞爱国民主力量的壮大;也由于教育理事会正确领导，监事会大力协助；全体会员支持爱护。我们坚决靠各校老师，尤其是福利工作的老师经常不断的联络访问，深切关怀教师疾苦和生活上的困难，及时地为他们解决困难。我们深深体会到：教师生活虽然困苦，全澳教师密切联系尚有困难，但只要我们全体会员老师坚定地团结在爱国旗帜底下，发扬友爱互助精神，继续发挥积极性，深入教师生活了解他们需要，那么一切困难都可以解决。

其次我们认为教师普遍因工作繁忙，抽不到时间学习时事和业务，但是我们经常举行座谈会、报告会，或用上门访问、演讲报告等方式也可以互相交流经验，推动学习，从而提高老师们爱国主义觉悟和业务水平。这是一种帮助教师学习的好方法，也是加强团结的好机会。

工作中的缺点：

由于国际国内形势对我们爱国民主事业有利，我们的工作肯定是会有成就的。正因为如此，澳门同胞、老师对我们的要求会越来越高。目前我们的工作尚不能满足老师们要求，也不能适应形势要求，对会员帮助不够。如发放福利金工作时间有拖延；文教方面不能经常组织教学讲座以便更好地交流经验，康乐文娱活动不能经常举行。但这些缺点是可以克服的，我们坚决相信在下一届理监事会的努力下一定可以克服。

三、今后的工作

老师们！今天我们正处在祖国社会主义建设无比高涨的伟大时代中，今年我们煤产量已超过英国，明年钢产量肯定地超过英国。我们翘首北国，感到无比的兴奋和鼓舞，浑身充满干劲，让我们学习祖国人民大跃进的精神，热烈投身到爱国反美运动中，掀起一个高潮吧！

我们应继续高举爱国主义的旗帜，团结全澳教师为更多更好地发展我们的福利，团结文体文教事业，为推进爱国教育事业，培养社会主义的接班人而努力！

1958 年 11 月 30 日

三 六十年代的濠江中学

60年代东南亚政治动荡，印尼等国掀起排华浪潮，部分华侨来到澳门定居，仅1962年上半年就有5万5千名华侨涌入澳门，三年内澳门人口增加10万。1962年，全澳中小学生达48589人，比1950年的17596人增加30993人。1967年，澳门受到内地动乱冲击，向外移民增加，人口减少。全澳学生下降至41000多人。因为经济困难，当时不收费和低收费的中小学共51所，学生人数24000人，占学生总数60%。由于私人团体办学，资源缺乏，学校面临生存竞争，在汰弱留强的情况下，只有一些办学有成绩的学校，延续至今。

濠江学校，在杜岚积极用心的办学精神下，屹立不摇。1965年，印尼排华，几百名印尼华侨学生要求入学住宿，同时，柬埔寨、泰国等东南亚地区的青年也纷纷来校要求寄宿就读。杜岚趁着这时机大力发展学校规模，在原有的宿舍上加盖三层，大量接纳海外寄宿生。1966年，内地发生"文化大革命"，社会动荡，杜岚受到很大的社会压力，但仍然坚持爱国教育，没有动摇信念。这时期，杜岚的事业遇上低潮。"文化大革命"像一场暴风骤雨，袭击了她和她的一家。她的丈夫黄健任职暨南大学，但以叛徒罪名挨批斗，监护于广州暨大。儿女们也不可避免地受到牵连，自己也遭到白眼和非议。而她总是以正确态度对待群众，深信真理是正确的，每天照常上班，坚持教育工作：

"文化大革命"期间，黄健任职暨南大学，但以叛徒罪被监护于广州暨大。杜闻讯后，亲自去广州，鼓励黄要顶住，千万不要屈于恶潮流。时大陆物质供应短少，她为了使丈夫能增加点营养，在澳煲好南枣鸡汤拿去探望丈夫，多次往返不以为劳，见面屡嘱丈夫要保重，鼓励黄说：真的就是真的，"莫须有"总会雨过天晴。后来，黄终于得到平反，杜接他到澳门休养，克尽妻子之道。①

这时期，澳门的学制亦有所变化，一些中学，由原来采用的六年制转为香港英式的三年初中，二年高中，总共五年的中学制，方便日后在香港升读大学。杜岚对此提出反对。她在1968年发表文章，指出从教育观点来看，三年初中三年高中的三三制有很多好处，而五年制的中学实有很多教育上不足的地方，呼吁采用五年制的中学考虑学生的利益，重新再行六年制。

一位教育界人士来稿谈意见中学学制应该改革
恢复三三制好处多

微之

现今的时代，人们谓之曰"知识爆炸"的时代，或曰"信息"时代，科技的迅猛发展，冲击着人类社会的各个领域。人们正在不同的领域里探索着与时代的节律相和谐的步调，教育领域亦然。

回顾澳门三十年代至六十年代初期的教育制度，几十年来是小学六年、中学六年制的。那时的学生，无论在身心方面或基础知识水准方面，都得到较全面的均衡发展。到了六十年代初期，受国内"学制要缩短"和香港学制的影响或教材等方面的限制，澳门大多数学校也跟随改制为小学六年、中学五年，改制后至今廿多年的实践，本人感到中学五年制

---

① 杨荫清：《澳门濠江中学校长杜岚》，黄洁琳编《六十春秋苦耕耘——澳门濠江中学杜岚校长专集》，第148页。

是不甚理想的。

（1）对于一个青年人，无论升学或就业，在文化科学知识方面应有较扎实的全面的基础。现代的中学生，要求比过去的中学生学得更多、更广、更深的文化科学知识，过去高等学校学习的知识，有相当部分下放到中学里来，而学习时间却又缩短了一年，这样就出现了人们比喻的"六年多的食粮五年吃完"的现象，学生功课繁重，囫囵吞枣，顾此失彼，疲于应付。

（2）澳门的教育长期来未有统筹，小学毕业生程度参差，虽经入学考试，但碍于学位求过于供的局面及其他诸种因素，大多数小学毕业生几乎都进入了中学，因此，出现了中学教师难于照顾的局面。使基础好、资质高的"吃不饱"，基础差的"吃不消"，无论教与学都出现了种种困难，而时间短，要赶进度，使学生没有"补"和循序渐进的机会，这样就出现了学生在学校里学习，校外要补习的现象，增加了学生的压力，也增加了家长的经济与精神负担，而效果也不见得理想。

（3）由于时间短、功课门类多，于是学校里课时紧迫，教师对学生的课外指导（包括思想品德和学业）则相对减少，学生课外活动（如校内的文体活动、社会活动、科学制作、实验活动）也被迫减少，对青少年的德、智、体、美的全面发展打了很大折扣。

（4）学生得不到全面发展，而中学毕业偏偏又由于入学年龄较小，毕业时多是十六七岁，多数不能升学，澳门社会又不能全部安插这些人就业或安排职业学校使这些人就读，这就出现了社会问题。除了上述以外，还有诸如五年制的教材在各科目之间的内容，不能匹配相应跟进，教者难教，学者难学，某些知识架空，某些教材难以完成进度等许多弊端，在此难以一一列举，但有些内容，亦可为各位人士所窥觉。

　　中等教育，应是基础教育。中学生打好文化科学知识基础是重要的，况且在新科技知识不断问世的今日，他们的学习内容中也要介入新的知识。所以，我们的教育，目前则面临着一个课题，即既要使青少年的身心得到保护和良好发展（这是涉及我们人类前途的大事），要减轻学生的学习负担，又要他们掌握好必须掌握的知识，我们必须要对目前的教育制度、教学内容诸方面作广泛、深入的探讨。

　　就学制而言，本人是倾向于"三三"制的。这不存在"复古"或"跟风"问题。鉴于上述种种原因，"三三"制有利于克服目前存在的种种弊端，有利于解决好目前教育界面临的课题。

　　况且中学"三三"制和大学四年制已是全世界大多数国家共同学制，如果澳门中学改为"三三"制，则学生不论到海外升学，或回内地、到台湾升学都能衔接，中学改"三三"制，不但对发展澳门教育事业有利，也符合学生的长远利益。[1]

---

[1] 《澳门日报》1968年3月30日。微之是杜岚校长的笔名。

第四章

二十世纪七八十年代

20世纪70年代开始,由于葡国政治起了变化,中葡之间的关系出现了转机,影响到澳葡政府的教育政策,使澳门的教育开始面临新的挑战,展开新的发展方向,进入现代化的阶段。1974年4月25日,葡萄牙发生军事政变,推翻萨拉查的独裁统治,建立民主政制。1976年公布葡萄牙共和国宪法,不再认为澳门是葡国领土,同年颁布第1/76号法律——《澳门组织章程》,初步建立澳门内部自治法律。使澳门既建立自治,又没有割断与葡萄牙主权机关的联系,并确认澳门的地位,是中国的领土,由葡国管理。自1977年以来,葡萄牙不断派出代表团到中国访问,加强双方的了解和信任,为建立外交关系而展开谈判。到1979年2月,两国正式建立大使级外交关系。

1978—1986年,澳葡政府开始执行《澳门组织章程》,建立行政、经济、财政、立法及司法等重要法规制度。政治上的转变,也使教育政策起了变化。在教育方面,澳葡政府逐步把私立学校纳入正轨管理,例如成立私立学校辅导处,以津贴方式资助私校的营运及师生,并与民间党团体合作,尽量提高教师的专业水平及生活待遇等。如果说澳葡政府正式注重澳门的华人教育,那可以由1977年说起。当年,澳葡政府开始对不牟利的学校予以资助,澳门的教育才开始有较大的变化。1977年10月22号,《第11/77M号法律——对不牟利私立教育事业的扶助》正式生效，提出（1）可豁免不牟利学校的各种税款，（2）对不牟利学校给予补助金及对学生给予助学金的相应原则。并在次年2月28日对这一原则具体化，规定根据各学校收取的学费比例，并向小学每班发放津贴1000—1500澳门元，中学每班2000—3000澳门元。尽管这些规定与同时期政府对官校资源的投入相比只属九牛一毛，但这种资助方式的开展，在某程度上还是能反映澳门私立学校与政府的关系开始出现转折。

1981年6月高斯达出任总督，开始大力发展澳门的经济、教育、社会福利。他任内，不单致力于经济多元化，发展加工出口业，还重视支持教育，培训人才。① 1987年4月中葡两国就澳门问题，签署《中葡联合声明》解决澳门问题。自1988年1月15日《中葡联合声明》生效，澳门从此进入过渡期，澳门的政治、社会，包括教育等方面，都要为回归作出准备。

20世纪70年代至1999年回归，澳门经济及社会起飞和持续发展，教育方面的变化也随之加快。以私立学校的发展来说，整体情况由平稳而转向上升。70年代澳门的出生人数下降，由60年代每年平均3千多人出生下降至2千多人②，不过，由于内地移入澳门的人口多，加上80年代出生人数回升，所以整体人口上升，学位需求增加，使私立学校教育得以持续发展。

澳门教育在七八十年代进入现代化的发展过程中，出现不少问题。其中最重要的，大概可以归纳为学位、师资、学校管理几个方面，而关心教育的杜岚，对澳门教育在发展中遇到的问题，亦提出了自己的看法。她在《澳门教育改革问题的浅见》③一文中，认为解决问题要从现实考虑。她按性质把问题分为长远的规

---

① 吴志良：《澳门政治制度史》，广东人民出版社2010年版，第250页。
② 郑天祥、黄就顺、张桂霞、邓汉增：《澳门人口》，澳门基金会，1994年，第45页表5-1。
③ 黄洁琳编：《六十春秋苦耕耘——澳门濠江中学杜岚校长专集》，第110—112页。

划、短期的目标和马上解决三项，解决问题须要按部就班，如果不先解决一些现实的问题，那么，无论我们对未来设计得如何理想与美妙，只会产生混乱，难以达到成功。她说：

> 目前，社会各界人士就澳门教育改革和推行义务教育问题展开了研讨，这无疑是可喜的讯息，说明了教育问题已得到了上至政府、下至各个阶层的普遍重视。事实上，澳门的教育架构及教育方式在近百年来没有多大的改变，在近年来澳门的政治、经济、文化科技突飞猛进、人口惊人地膨胀的情势下，教育事业如何跟上和适应，则成为急需解决重要问题了。
> 　　教改问题和推行义务教育都是牵涉面较广，较错综复杂的问题。历史传统、现行教育结构、办学宗旨、学生出路、人口增长率、教学点的布局、学校管理制度、教材编订、师资问题等等必须加以全面的系统的研究。至于推行义务教育问题，只要政府有决心和决策，并对官、私校教育资源分配问题比较合理，问题就易办。综上诸项问题，有些要有长远的规划，也要有短期的目标，而有些则是要马上解决的所谓"燃眉之急"的问题。假如我们不分远近、缓急，着眼于长远的、面上的问题，不认真着手解决一些现实的问题，那么，无论我们对未来设计得如何理想与美妙，而眼皮底下的现实则会发生强大的冲击，甚至造成难以估量的混乱。

一　教育需求方面

20世纪60年代，澳门人口出生率高，学位需求大，经过第二阶段办学高潮后，到了70年代，出生率下降，1960年澳门出生人口5330人，到1975年只有2583人。① 全澳学生人数由

---

① 郑天祥、黄就顺、张桂霞、邓汉增：《澳门人口》，第45页表5-1。

1969 年的 59438 人，降至 1977 年的 33935 人，八年间减少 43%。① 面对学生不足的情况，很多学校只好采取合并或结束的办法，例如航业、旅业、猪腊、造船、粮食、水电、海员、百货、鲜鱼、木艺等工会、行会所办的子弟学校，大多并入劳工子弟学校。路环、新填海、九澳、黑沙等坊众学校或结束或并入菜农子弟学校。基督教和佛教办的学校，多采用结束的方法。天主教学校，真原、望德、公教、公进、庇护十二世、圣方济各、晓明、真理、玛利亚小学部、梁文燕小学部等，有的合并于大校，有的关闭。估计从 50 年代开始，被淘汰的学校近百所。

到了 1979 年，情况有所变化。中国的改革开放政策对澳门起了较大的作用，一方面带动澳门的经济发展，另一方面大量移民入境，学生激增，学位需求增大，使 80 年代不少学校的班级人数升至六七十人。一些本来面临淘汰的学校得以新生，见表 4-1。

表 4-1　　　　　　　1950—1980 年澳门学生人数

年份	学生数（人）	全澳人口（人）
1950	17596	187772
1960	43127	169299
1970	57648	248636
1980	44917	268300

资料来源：刘羡冰编著《澳门教育史》，第 243 页。

关于学生激增，学位需求增大的问题，杜岚认为青少年儿童失学，会形成社会的不安定，影响到社会的安定繁荣。建议政府继续大力支助原有学校扩建校舍、增加学位，另外选择新的居民点来规划学位供应，由政府拨款或发动社会人士集资，由政府拨地兴建新校来解决学位不足问题。她说：

---

① 刘羡冰编著：《澳门教育史》，人民教育出版社 2002 年版，第 23 页。

学位问题：目前，澳门就读于各级学校的适龄儿童、青少年越来越多，本人手头上没有澳门人口增长率的准确数字，但就凭本澳中、小、幼近几年来学生人数的增长，就使人既喜又惊。喜者，各校校务得以繁荣。惊者，如此发展下去，基于我们对社会肩负的责任，有不胜负荷之感。这三五年间各校学生人数都大为增加，以我校中、小、幼三部为例，学生的增长数字分别约为每年中学180人左右、小学约200人、幼稚园约300人，总人数由2000多人增至现在的4400多人，为了满足需求，我们一方面请求政府资助，另方面依靠校董、家长和校友们大力支持以及社会贤达、热心人士的支持；不断扩建校舍、增加学位，但仍未能满足实际需要，无论中、小、幼新生均只能取录部分。本年度初一的招取率约百分之七十，直到现在开学已几个星期，要求学位者仍源源不绝。收，学位不足，拒，非常伤感。这种情况，非只我校如此，其他许多友校亦遇到相似情况。为此，每想到一些青少年被拒于学门之外，影响终生，倍感神伤。况且，青少年儿童都有其可塑性，每个青少年儿童，都可能是未来社会之栋梁，他们得不到就读及造就机会就隐藏着走向反面的危机，潜伏了未来社会的不安定因素。因此，这个问题应引起政府及社会人士的高度重视。为了解决学位不足问题，我提议政府继续大力资助原有学校扩建校舍、增加学位，另外选择新区（居民点）规划由政府拨款或发动社会集团、人士斥资，由政府拨地兴建新校来解决学位不足问题。本月二日工联老人中心和托儿所的开设就是好例。

澳门是一个人口密度极高的社会，又是一个不限制出生率的社会，可怕的人口增生的几何级数，直接影响着教育事业及社会的安定繁荣，因此，学位问题，应是目前乃至十年内应考虑的首要问题。①

---

① 杜岚：《澳门教育改革问题的浅见》，黄洁琳编《六十春秋苦耕耘——澳门濠江中学杜岚校长专集》，第110—111页。

(一) 小学学位方面

进入 20 世纪 80 年代,澳门小学在 1980—1989 年的学校数量显示平稳,以非官制私立小学为主流,官立小学的数量在 80 年代后五年增加,应是因为澳门政府对葡文教育政策的改变所引致,表 4-2 是根据 1980—1983 年的澳门统计年鉴及 1984—1989 年澳门统计暨普查司"教育调查"报告内数字而列出该十年澳门各类型小学在量上的变化:

表 4-2　　　　1980—1989 年澳门小学学校数目统计表[①]

年份	官立	官制[②]	私立	总数
1980—1981	4	2	35	41
1981—1982	4	2	54	60
1982—1983	4	2	55	61
1983—1984	4	2	53	59
1984—1985	9	2	62	73
1985—1986	7	1	61	69
1986—1987	7	3	61	71
1987—1988	7	2	60	69
1988—1989	7	3	61	71

澳门的小学教育在该十年发展历程中,从表 4-2 显示 1984—1985 年小学数量突增,通过小学学生和学龄儿童之数字比较,在这个没有免费强迫教育的澳门,亦觉不寻常,现试图将所掌握的数字作一探讨。

[①] 根据 1980—1983 年的澳门统计年鉴表四及 1984—1989 年澳门统计暨普查司"教育调查"报告内之表一。

[②] 官立学校由澳门政府开办;官制学校由团体或私人开办,但接受政府财政上的支持;私立学校则由团体或私人开办。

根据1981年澳门政府第十二次人口普查报告和1984年统计暨普查司"教育调查"报告的数字分析，两者数字应有线性关系，现制成表4-3。

表4-3　1981年澳门青少年人口[①]和1984年学生人数的比较[②]

1981年青少年人口		1984年青少年人口	
年龄	人数	年龄	人数
0—4	15563	3—7	17541
5—9	19082	8—12	20851
10—14	20819	13—17	13975
15—19	27002	18—22	2466

根据表5-3年龄分布，同一行的年龄相近，即1981年四岁的儿童绝大部分在1984年为七岁，由上表数字分析第一、二组青少年学生人数比1981年时同一统计对象之人数为多，表示在1984年适龄求学儿童人口剧增，小学数目需求相应增加，但该时间澳门经济和社会发展尚在初步阶段，教育经费和社会贡献之资源应算缺乏，学生人数增多而未有增加大量教育资源情况下，推想该时间的澳门小学教育素质应受影响。

此外由表5-2的统计显示，澳门小学以私立小学为主流，在1988—1989年度占全澳门小学86%，共有61间学校，说明该时期内澳门因不存在全民免费教育的条件下，私立小学在该十年肩负重要的基础教育责任。其中圣约瑟学校小学部作一间计算，私立小学合计为59间，天主教团体兴办29间，几达半数，而基督教团体兴办7间，发展迅速，其他为社会各类团体私人办学，59间学校中，只有两间为单纯小学，而有附属幼稚园的竟达52

---

① 龚少桑、阿尔芙斯、斌多著：《澳门教育：对教育制度之探索》（中译本），澳门教育司，1987年，第17页。

② 《教育资讯》1991年10月，澳门中华教育会编印，第2—3页。

间之多，应为澳门小学的一大特色，亦间接使幼儿教育受小学教学模式所影响。表4-4详列澳门在1989年的私立小学概况，并列明附属幼稚园、直属中学部及办学团体的资料。

表4-4　　　　　　1989年澳门私立小学概况①

	学校名称	有否附属幼稚园	有否直属中学	办学团体性质
1	圣德兰小学	有	无	天主教团体
2	圣罗撒英文小学	有	有	天主教团体
3	圣罗撒葡文小学	有	无	天主教团体
4	圣罗撒中文小学	有	有	天主教团体
5	圣玛沙利罗学校	有	无	天主教团体
6	圣母圣心学校	有	无	天主教团体
7	圣家学校	有	无	天主教团体
8	玛大肋纳学校	有	无	天主教团体
9	圣善小学	有	无	天主教团体
10	圣约瑟学校	有	有	天主教团体
11	九澳圣约瑟学校	有	无	天主教团体
12	圣保禄学校	有	有	天主教团体
13	圣玫瑰学校	有	无	天主教团体
14	雷明道主教纪念学校	无	无	天主教团体
15	明爱学校	无	无	天主教团体
16	高秉常主教小学部	有	无	天主教团体
17	马礼逊纪念学校	有	无	天主教团体
18	蔡高中学小学部	有	有	天主教团体
19	海星中学小学部	有	有	天主教团体
20	聚洁中学小学部	有	有	天主教团体

---

① 《教育资讯》1991年10月，澳门中华教育会编印，第2—3页及王达才《二十世纪八十年代澳门教育发展之研究》，海华文教基金会华侨学术丛书，2001年，第41—42页。

续表

	学校名称	有否附属幼稚园	有否直属中学	办学团体性质
21	慈幼中学小学部	无	有	天主教团体
22	花地玛中学小学部	有	有	天主教团体
23	陈瑞琪永援中学小学部	无	有	天主教团体
24	利玛窦中学小学部	有	有	天主教团体
25	圣心中文中学小学部	有	无	天主教团体
26	圣心英文中学小学部	无	有	天主教团体
27	培正中学小学部	有	有	基督教团体
28	培贞学校	有	无	天主教团体
29	培英学校	有	无	基督教团体
30	培道中学小学部	有	有	基督教团体
31	宣道中学小学部	有	有	基督教团体
32	沙梨头浸信学校	有	无	基督教团体
33	协同特殊教育学校	有	有	基督教团体
34	浸信中学小学部	有	有	基督教团体
35	菜农子弟学校	有	无	同业团体
36	妇联子弟学校	有	无	社会团体
37	妇联子弟学校分校	有	无	社会团体
38	劳工子弟学校	有	有	劳工团体
39	氹仔坊众学校	有	无	地方团体
40	下环浸会学校	有	无	教会教团体
41	濠江小学	有	有	私人办学
42	青州小学	有	有	地方团体
43	教业中学小学部	有	有	文教团体
44	镜湖平民联合小学	有	无	社会团体
45	广大中学小学部	有	有	私人办学
46	励群学校	有	无	私人办学
47	莲峰普济小学	有	无	宗教团体
48	岭南中学小学部	有	有	私人办学

续表

	学校名称	有否附属幼稚园	有否直属中学	办学团体性质
49	下环坊众学校	有	无	私人办学
50	德明学校	有	无	私人办学
51	东南学校	有	无	私人办学
52	同善堂学校	有	有	社会团体
53	颖川学校	有	无	私人办学
54	联国学校	有	有	社会团体
55	渔民子弟学校	有	无	同业团体
56	福建学校	有	无	同乡团体
57	粤华中学英文部小学	无	有	天主教团体
58	粤华中学中文部小学	无	有	天主教团体
59	沙梨头坊众学校	有	无	地方团体

表4-4尚显示澳门地区小学在80年代末期之59间私立小学中，只有26间同时兼办中学。在当时澳门面对完全不干涉的教育政策及多元化学制来说，此百分率说明澳门小学生升学比率未达应有水平。再看澳门地区经济及社会发展，澳门需要把小学进行制度化及规划化，以期划一小学毕业生水准并扩办中学教育。

（二）小学学生总人数的变化

澳门在20世纪80年代仍无法实施义务教育，小学学生总人数应与官立和私立小学学额总和成线性关系，又因澳门小学教育不是强迫性或义务性，故澳门政府统计普查司所载之适龄学童人数和全澳门学位总数的差距，显示着澳门该级教育的学位短缺情况。根据澳门政府在1980—1989年的官方统计资料，其中1980—1983年摘录自澳门统计年鉴，而1984—1989年则摘录自统计暨普查司之每年度教育调查报告内，该十年期间澳门小学人数变化率见表4-5：

表4-5　　20世纪80年代澳门小学生人数的变化

年份	官立小学	私立小学	小学生总数	变化率
1980—1981	1575	26112	27687	—
1981—1982	1430	26806	28236	+2%
1982—1983	2621	27513	30134	+8%
1983—1984	2434	28678	31112	+3.3%
1984—1985	2227	29241	31468	+1.1%
1985—1986	2311	29358	31669	+0.6%
1986—1987	2075	29839	31914	+0.8%
1987—1988	1960	29706	31666	-0.8%
1988—1989	1406	30511	31917	+0.8%

表4-5内统计数字显示澳门小学生人数在1980—1989年的一个现象，除了在1982—1983年度外，其余年份之小学生总人数增长率甚低。到80年代后期，小学生总人数变动竟不超过百分之一。此现象是80年代为澳门经济发展期，加上新移民大量由中国内地移居澳门，适龄学童人数急剧增加所引至。而表中1987—1989年官立小学的学生人数未有增加，反映出澳门小学学额出现短缺现象。

澳门虽是葡萄牙政府管理的一个地方，但政治上受中国内地的影响甚大，而华人社会早已形成一种参与澳门社会事务的无形架构，因此澳门政府教育政策无法作宏观的规划，基础教育发展遂集中于官立学校，而作为小学教育主流的私立学校，则集中在教会办学和团体办学，两者资源均难有突破，各校在80年代均先求扩建校舍，在增加教学设施，师资培训等项目上努力，在扩充学额方面反未见成绩。因此80年代澳门基础教育在特殊政治环境和社会组织下量的增加微不足道，形成80年代末期，小学学位在澳门出现严重短缺，此和澳门该时期的经济发展成绩，是不相称的。①

小学学位在80年代末期明显短缺是澳门基础教育的一项严重问题。从教育效果和教育质素方面研究，澳门小学学位不足将迫使私立小学每班人数增加，以期容纳更多适龄学童，而每班学生人数超额，使学校之各种设备无法合理使用，影响教学效果，而小学生的心理在正常情况下均希望多获教师的照顾和接触，但澳门私立小学的教师，面对超过五十人的班级，工作压力大增，付出过量的劳动力和精神，肯定会影响教学质量。

此外澳门小学学额不足亦造成了学校选择学生的现象，一般私立小学每位教师往往须照顾五十人以上班级学生，无暇顾及那些资质或基础较差学生。由于得不到充分辅导，这些学生经常在升级试中名落孙山。虽然澳门有部分学校采取留级制，给了留级学生机会，但留级学生始终无法获得适当的辅导，而其他学校为保障学校的教学质量及缓解学位的不足，必然采取择优录取的办法，留级者大部分被勒令退学。这些因澳门小学学位不足而被劝退的留级学生很难再找到其他学校接纳，在尚未有实施义务教育的80年代的澳门，这些适龄学童因而丧失了受教育的权利甚而形成社会上青少年犯罪、少年劳工等问题。

(三) 中学学校数目的变化

澳门中学绝大部分为历史悠久的教会学校或团体兴办的中学，两大类型学校分别组成澳门天主教学校联会和澳门中华教育会，成为中学教育的主导团体，教会学校多采用台湾教学体制，例如圣心中学、圣罗撒中学、海星中学等，而团体中学则以仿中国内地学制为多，例如岭南中学、濠江中学等，澳门中学数目在20世纪80年代初期大幅减少后，近数年已渐趋稳定，并有发展英文学校的趋势，现将近十年各类中学量的变化见表4-6：

---

① 王达才：《二十世纪八十年代澳门教育发展之研究》，第44页。

表4-6　　澳门中学在1980—1989年的数目统计[①]

年份	官立	官制	私立	总数
1980—1981	1	3	47	51
1981—1982	1	2	35	38
1982—1983	1	4	35	40
1983—1984	2	5	35	42
1984—1985	2	2	26	30
1985—1986	2	2	25	29
1986—1987	2	2	25	29
1987—1988	3	1	29	33
1988—1989	4	1	30	35

澳门中学数量除官立学校保持稳定外，私立学校因教学体制的不同而决定学生入读率，而毕业生升学及就业途径亦影响澳门中学的发展。在六七十年代，中学毕业生部分转往香港升读私立大专或初中毕业生往香港升读高中，当时香港教育界仍未实施80年代之政府中央集权式派位制度，香港私立学校林立，并欢迎澳门升读学生，澳门中学有较大生存空间。但80年代初期香港对澳门居民来港升学，就业采取严谨审查，而中学学位亦绝大部分提供予香港学生，导致澳门学生大部分在澳门找寻学位，对学校要求亦随经济发展和市民文化水准提升而增加，加上澳门发展高等教育，东亚大学的设立，中国内地和台湾大学开放招收澳门学生，再加上澳门主权在1999年回归中国的影响，澳门政府开始培训大学毕业之中国籍居民进入政府机构担任较高层行政工作，故澳门家长对子女升读中学采取较严谨选择，培正中学、圣约瑟中学、粤华中学等因学生大量增加而日以扩充，而一些设备较差或家族性私人开办的中学逐渐在80年代初期被淘汰，故澳

[①] 根据1980—1983年的澳门统计年鉴及1984—1989年澳门统计暨普查司"教育调查"报告。

门中学由1980年的51间精简为1987年的29间，大部分是较有规模的中学，其后由于澳门经济蓬勃发展，工商业及转口贸易稳定发展，需求大量英语人才，仿英国式香港学制中学明显地有较大发展和增长。①

80年代末期，澳门私立中学共30间，其办学团体性质、学校地区、规模详见表4-7：②

表4-7　　　　　　　1989年澳门私立中学概况

	学校名称	管理团体性质	学校规模	坐落地区
1	圣约瑟教区中学第二校	天主教团体	初中　中	南湾天神巷
2	圣约瑟教区中学第五校	天主教团体	初中　中	台山李宝椿街
3	圣约瑟教区中学第六校	天主教团体	初中、高中　大	青州禁区河边马路
4	敢洁中学	天主教团体	初中、高中　中	大三巴巷
5	海星中学	天主教团体	初中、高中　大	三巴仔风顺堂上街
6	慈幼中学	天主教团体	初中、高中　大	澳门风顺堂街
7	圣保禄学校	天主教团体	初中、高中　大	黑沙湾马蛟石斜坡
8	利玛窦中学	天主教团体	初中　中	学院斜巷
9	蔡高中学	私人办学	初中、高中　中	澳门白马行
10	劳工子弟学校	职业团体	初中、高中　大	白朗吉将军大马路
11	濠江中学	社会团体	初中、高中　大	亚马喇马路
12	教业中学	社会团体	初中、高中　大	大炮台街
13	广大中学	私人办学	初中　小	大三巴街
14	岭南中学	私人办学	初中、高中　中	校山白头马路
15	花地玛中学	天主教团体	初中　小	台山地三街
16	陈瑞琪永援中学	天主教团体	初中、高中　中	得胜马路
17	培正中学	基督教团体	初中、高中　大	高士德马路
18	培道中学	基督教团体	初中、高中　大	罗理基博士大马路

---

① 王达才：《二十世纪八十年代澳门教育发展之研究》，第55—56页。
② 同上书，第56—58页。

续表

	学校名称	管理团体性质	学校规模	坐落地区
19	圣罗撒英文中学	天主教团体	初中、高中　小	罗理基博士大马路
20	圣罗撒英文中学	天主教团体	初中、高中　中	家辣堂街
21	商训夜中学	社会团体	初中　中	大三巴街
22	圣心中文中学	天主教团体	初中、高中　中	美副将大马路
23	圣心英文中学	天主教团体	初中、高中　中	雅兼访
24	浸信中学	基督教团体	初中　小	白马行
25	庇道职业先修学校	天主教团体	初中　小	提督马路
26	联国学校	私人办学	初中　小	友谊大马路
27	协同特殊教育学校	基督教团体	初中　小	筷子基美居广场
28	同善堂中学	慈善团体	初中　小	庇山耶街
29	粤华中文中学	天主教团体	初中、高中　大	得胜马路
30	粤华英文中学	天主教团体	初中、高中　大	得胜马路

* 学校规模说明：大：学生人数500人以上；中：学生200—500人；小：学生人数200人以下。

澳门的中学，虽然在学制、课程、考试，而至规模和教学设备都非单一化，形成各校间有差距，但在世界先进地区，规划化和统一性中学教育开始趋向"以学校为本"的措施，包括"校本课程"、"校本管理"、"校本辅导"和"校本教师训练"等，所以澳门在80年代中学的办学和选校机制，亦有其自由发展和不受限制的优点。这时期澳门中学生的自由选校制度，和邻近地区香港的中央派位或按区域分配学位的方式是截然不同的制度，自由选校是澳门中学教育的特点，是学生和家长主导及学校权力分散的，而其他地区的中央派位是行政主导和中央集权的，历史上的留存因素和政治上的平衡，使澳门社会充满平等机会，每个居民在不损害公众利益的原则下可按个人意愿选择，澳门的中学虽然学位不足和有待改革，但学生和家长可按其所需，各适其适，在相等的机会下选择中学，可说是80

年代澳门中学的一个特色。①

(四) 中学学生总人数的增长

澳门中学生在 20 世纪 80 年代初期未逾一万人,但学校多达 51 间,平均每校不够两百人,在一个发展中地区,这个数字显示中学学位太少,且学校规模参差(香港一所普通标准中学以二十四班计算应可容纳学生一千人)。到 1989 年,中学生总人数增加为 16000 多人,而学校反而缩减为 35 间,显示澳门中学经过社会上需求的自然调整,部分规模太小或办理不善的中学渐被淘汰,而中学生渐渐集中于一些大型中学,现摘录澳门政府在1980—1983 年之统计年鉴及 1983—1989 年之教育调查报告内数字制成表 4-8:

表 4-8　澳门中学生在 20 世纪 80 年代之总人数变化②

年份	官立中学	私立中学	中学生总数	变化率
1980—1981	551	9327	9878	—
1981—1982	568	10428	10996	+11%
1982—1983	649	11782	12431	+13%
1983—1984	792	11282	12074	-3%
1984—1985	619	11956	12575	+4%
1985—1986	788	12909	13697	+9%
1986—1987	831	14082	14913	+9%
1987—1988	1350	13847	15197	+2%
1988—1989	1595	14491	16086	+7%

表 4-8 数字显示澳门中学生在私校就读的占绝大部分,1983—1984 年中学生人数轻微减少,估计是因当年开始作每校每班教育调查,数字和原政府统计司之方法有差异而引致。官立

---

① 王达才:《二十世纪八十年代澳门教育发展之研究》,第 58 页。
② 根据 1980—1983 年的澳门统计年鉴及 1984—1989 年澳门统计暨普查司"教育调查"报告。

中学的学生由 1981 年的 551 人到 1989 年才增加到 831 人，说明澳门政府没有承担中学教育的准备和行动，虽在 1988—1989 年增加到 1704 人，但仍仅逾全澳门中学生总人数之 10%，反之澳门私立中学虽因学生数目在 80 年代中期减少，但私立中学学生人数仍有可观增长。

澳门中学生在 80 年代的升级率亦十分特殊，试以 1985 年及 1989 年的中学生各级人数统计为例说明①，见表 4-9。

表 4-9　　澳门中学生在 1985—1986 年度及 1988—1989 年度人数统计

年级	1985—1986　学生人数	1988—1989　学生人数
中学一年级	4298	4259
中学二年级	2991	3699
中学三年级	2315	3168
中学四年级	1949	2460
中学五年级	1519	1771
中学六年级	625	729
总数	13697	16086

分析上表内数字，可推想澳门中学生的分布极不平均，且有下列特点：

（1）初中一年级人数超过中学生人数的四分之一，而在四年内竟无学位增长，可见澳门中学学额需求甚殷，但政府教育经费未予支援，私立中学均未能扩充学额。

（2）初中二年级和初中三年级人数每年递减，应是学生退学甚多或成绩未达水准而留班。先是澳门小学水准参差，学生进入中学后由于各校水准在中学较易接近，故部分成绩不良的学生退学。

（3）初中三个年级总人数在 1985 年占澳门中学生之 70%，

---

① 1985—1986 年澳门统计暨普查司"教育调查"，第 82 页。1988—1989 年澳门统计暨普查司"教育调查"，第 97 页。

而在 1989 年亦占全中学生总人数之 69%，显示澳门高中学位极度缺乏，相对来说澳门高中学额有极大的发展空间。

（4）中学六年级（在葡文学制及英文学制内均为预科）之人数在该两年只为 625 人及 729 人，在 80 年代末期积极发展高等教育的澳门，学生结构隐伏着高中断层的危机。而私立没有特别发展高中课程，应与 80 年代澳门中学的教学设备未达理想，高中师资缺乏，以及学历未获澳门政府确认有关。

此外，澳门中学生质素的评估亦甚为困难，各中学体制不同，学科相异，故成绩评核均各自采用独立标准，初中毕业或高中毕业均未有统一考试或测验作为评校基础，学生升学率常受其他因素影响而变化，例如 80 年代末期葡萄牙政府同意评定澳门学生在台湾高等学院毕业之学术水平，故赴台升学人数大增，中国广东暨南大学及福建华侨大学优惠招收澳门学生回内地升学，又使升学人数大幅波动。而澳门教育司并无 80 年代澳门学生往外地升学人数统计资料，而各校亦以行政资料保密为由，未允提供学生成绩资料，据圣罗撒女子中学一位资深教师于 1992 年初透露，澳门中学生参加之公开考试共有三种，分别为：（1）英国伦敦大学 GCE 考试，由学校直接向香港考试局报名，大部分以粤华中学作为试场，但成绩直接寄送学校，香港考试局亦无资料可查。（2）台湾大专入学港澳地区联合招生考试，80 年代初期及中期参加该考试之学生大部分为天主教会学校，至 80 年代末期始有较多类型学校学生参加，据主办机构在 1992 年 4 月 11 日于澳门海星中学的升学讲座中表示，澳门学生赴台湾升学人数近年稳步上升，显示澳门中学毕业生升学率仍见上升，但高中学生人数未见大幅增加仍为提升教育程度的一个隐忧。（3）美国"托福"英语水平测试，学生自由报名，成绩统计未见公布。综合可见澳门欠缺公开评核考试制度，对中学教学质素的变化甚难评定。[1]

---

[1] 王达才：《二十世纪八十年代澳门教育发展之研究》，第 60—61 页。

二 教师方面

(一) 教师数量

20世纪70年代澳门经济起飞,很多教师纷纷转入商界,教师流失严重。根据刘羡冰、高展鹏[1]调查1978—1988年澳门私立中学新教师的流动情况,结论是过去十年,澳门私立中学对外依赖严重,流失率高,年龄老化。当时本澳私立中学25所,该调查本报告选用资料齐全的十校,包括天主教、基督教、社团、私人办学。日校夜校,中文,英文,完全和不完中学全都在内,非常具代表性。由1978—1988年。十年间入职教师375人,已离职的占46%,入职年龄在30岁以下的,流失率达67%。[2]

1. 严重对外依赖

从接受专上教育地区分布调查来看,澳门本地的人才师资只占1%(见表4-10),最多人才来自中国内地,其次是中国台湾地区。

表4-10　　　　接受专上教育地区分布调查[3]

接受专上教育地区	总人数	百分率(%)
中国澳门	4	1.1
中国香港	11	3
中国内地	282	75
中国台湾	34	9.1
其他	31	8.3
不详	13	3.5
总数	375	100

---

[1] 澳门中华教育会资讯服务中心编印:《教育资讯》1990年第3期。
[2] 刘羡冰:《世纪留痕——二十世纪澳门教育大事志》,第124页。
[3] 澳门中华教育会资讯服务中心编印:《教育资料》1990年第3期。

2. 教师流失率高

教师流动：这 375 人中，仍在原校工作的，有 202 人，占 54%，离职的 173 人，占 46%。平均任教年期为 3 年。在原校任教满十年的，仅 11 人，占 375 人中之 3%，见表 4-11。

表 4-11　　　　　　　　　教师流动去向

离校去向	转私校	转官校	转官职	转行	深造	其他	总数
人数	69	18	5	24	4	55	173
占离职人数（%）	39	10.4	2.8	13.8	2.3	31.7	100

教师流失使教育素质难有保证。一些校誉较好，设备较佳的学校，采用提高学费方式来改善教师待遇，改善教学条件。澳门中华教育会更积极呼吁改善教师待遇，提高教学质量，并要求政府承担公共教育，推行义务教育。

1990 年 3 月 5 日刘羡冰在《澳门日报》提出解决中学教师流失的方法，包括：（1）开发师源，教育当局多作承担，包括东亚大学的教师培训，华南师范大学教育专业的教师在职培训课程，从质和量方面改善教育。（2）稳定优秀师资，扶助学校发展，拉近学校之间的距离。（3）改善校内工作环境。（4）加强专师教育。

杜岚对此也发表了自己的看法，她指出："澳门几十年，'不穷不教书'的现象仍十分突出，教师的社会地位不高，待遇微薄，一个受过大专教育的中学行政或教师，收入不如一般的医院护士或政府一般公务员。小学、幼稚园老师则更不用讲了。这样的处境怎么能使家庭负担重、教学任务繁重的教师安心和热心呢？"[①] 建议政府一方面加紧认可师资资格，以安定教师工作，而另一方面则应继续较大幅度地提高教师直接津贴的薪酬支助，缩短官、私立学校教师的薪酬差距。认为这政策既能避免现有教

---

① 杜岚：《澳门教育的历史》，黄洁琳编《六十春秋苦耕耘——澳门濠江中学杜岚校长专集》，第 103 页。

师流失，又可挖掘师资潜力，把有资历的而从事他业的教师及青年大学毕业生，吸引到教育事业上以满足教学的需求。

（二）教师素质

澳门社会日益发展，家长对教师的专业要求日高。早在1938年，澳门第一所正规的师范学校"协和女子中学"所设师范班成立，其后有澳门执信女中的师范课程、华南大学文学院社会教育系、越海文商学院教育学系、中山教育学院特别师范夜班、华侨大学高等师范科等设立。到了20世纪50年代，也有圣若瑟中学开办师范课程、濠江中学简易师范班、德明中学幼稚园特别师范班、圣公会幼稚师范学院，不过，因为各种因素，加上社会条件未能配合，所以这些培训课程只能维持一段时间，未能延续下去。直至1985年，华南师范大学主办，澳门中华教育会、澳门教育司协办三年制教育专业课程，及其后推出的三年制学前教育专业、五年制教育专业、三年制幼儿心理与教育等课程，1987年私立东亚大学接受澳门政府委托，开办两项教育文凭课程，教师专业地位才日渐确立起来，受到政府及社会各界重视。

杜岚在1985年已指出澳门社会日渐进步了，文化科学技术发展快，对人才需求有增无减，从政府到学校乃至家长对教师的要求也相对提高，可是，师资缺乏的情况却日益严重。这主要是由于本地没有正规培养、训练各级师资的场所，加上社会要求日渐提高，问题更难解决。特别是英文科方面，师资缺乏更日趋恶化，有些学校甚至聘请荷兰、菲律宾、缅甸等籍的非教学人员充任，教学质量完全没有保证。对于师资缺乏的问题，杜岚提出几个方法：（1）借助东亚大学的教育学院开办师范教育；（2）政府利用假期或晚间大量开办在职教育进修课程；（3）圣约瑟学校师训班；（4）华南师范大学和澳门教育文化司、中华教育会合办的澳门教师的函授教育，以此来解决师资不足的问题。她说：

随着澳门各校学生人数的增加，引发了师资问题。回顾以往，澳门的师资多处不足之状况，过去不成为突出问题，乃是要求不同，过去的学校教师，学历很高的有之，同等学历教同等级学校（如中学毕业教中学）的有之。今天社会进步了，文化科学技术发展快了，学生学习的内容无论从深度、广度均增加了，加上社会的要求也高了，教师的选择，无论从政府到学校乃至家长也要求严格了，及格的师资则显得不足了。本地没有正规培养、训练各级师资的场所，尤以中学教师的培养。目前，高资历的、对口的教师多由国内来澳的新移民充任，有些科目，例如英文等科已显得缺乏，每到开学，学校为此而紧张，为解决空缺，唯有聘请荷、菲、缅等籍的非教学人员充任，有些门类的教师，在友校间已产生了用较高薪酬挖角的现象。因此，师资问题，与学位问题一样，同样使教育界感到吃紧，同样值得政府及社会各界重视。以吾愚见，东亚大学现已成立了教育学院，应及时招收高中生，开办师范教育，政府也应利用假期或晚间大量培训在职教师。①

近年来，一些教育界人士和澳葡当局也意识到这个问题，东亚大学和圣约瑟学校开设了师训班，这无疑是好的，但从适应澳门各学校、各科目的需要来说是远远不够的，而原有的任教教师在教育、教学理论水平上有些也是相当不足的。近几年来，澳门来了部分内地师范培养出来的各级老师，今年（1986 年）华南师范大学和澳门教育文化司、中华教育会合办起澳门教师的函授教育，这些措施，都是发展教育的大好事，但仍不能满足澳门教育发展的需要。②

---

① 杜岚：《澳门教育改革问题的浅见》，黄洁琳编《六十春秋苦耕耘——澳门濠江中学杜岚校长专集》，第 111—112 页。

② 杜岚：《澳门教育的历史》，黄洁琳编《六十春秋苦耕耘——澳门濠江中学杜岚校长专集》，第 103 页。

关注师资培养数量之外，杜岚十分重视教学方法。她认为高教学质量师资培训的第二个要点是教学法。她说：教师向学生灌输知识的教学原理之一是："在课堂上，教师与学生都处于积极活动状态之中。但是，根据我们的观察和来自各方面的反映，此时此地的课堂教学，教师是积极活动（讲课）的，不少学生却是静止（只听，不想，不做）的。这种'满堂灌'的填鸭式教学法，不利于提高教学质量。"①

三　教育资源

（一）澳门政府对教育投资的承担情况②

澳门私立学校和政府学校的比例悬殊，私立学校的数量占了极大比例，然而私校的历史发展几乎得不到政府的支持。因此，长期以来对澳门多数居民来说，教育经费是由民间团体和学生家庭去承担。

私立学校已经成为澳门一个重要历史传统。政府一直没有负起承担基础教育的义务，而且只扮演不闻不问、不负责任的角色，造成初等、中等教育惨淡经营、自生自灭的自然发展的局面，这形成澳门私校的重要地位。这些都是殖民教育政策所造成的现象。在1977年10月22日立法会正式通过了第11/77/M号法律，政府才开始注意私校所扮演的角色。到了此时，政府才开始资助私校教育，但支持仍然不多。

澳门教育经费投入之严重缺乏，历年教育经费占国民生产总值的百分比是十分有限的，所占百分比达不到1%（表4-12）。

---

① 杜岚：《发挥学校优势，改革教育制度》，黄洁琳编《六十春秋苦耕耘——澳门濠江中学杜岚校长专集》，第118页。
② 胡国年：《浅探澳门教育政策与资源问题》，收入古鼎仪、马庆堂编《澳门教育——抉择与自由》，澳门基金会，第15—18页。

表 4-12　　　澳门教育经费占国民生产总值比例表①

年度	占国民生产总值的比例（%）
1983—1984	0.45
1984—1985	0.42
1985—1986	0.67
1986—1987	0.69
1987—1988	0.73
1988—1989	0.83
1989—1990	0.90

澳门历年教育经费在财政预算公共总支出的百分比不超过7%，比邻近地区甚至世界发展中国家都要低（表4-13）。

表 4-13　　　澳门历年公共支出和教育经费②　　单位：千元（澳门币）

年度	公共总支出	教育经费	占百分比（%）
1985	2400871	84675	3.52
1986	2182214	100159	4.59
1987	2390771	131909	5.52
1988	2827016	174445	6.18
1989	3448780	221862	6.43
1990	5489908	355690	6.48

补充：1993年的教育经费占本地区总预算的4.7%，是1992年12月31日澳门《政府公报》第52期增刊公布的（《澳门脉搏》1993年2月5日第3版）。

（二）教育资源分配情况

1. 1977年10月22日立法会通过了第11/77/M号法律，开

---

① 根据1988—1989年澳门统计年鉴及1991年4月《统计月刊》。
② 数据来自澳门统计暨普查司《统计月刊》。

始对私校资助。官方人士指出:"根据此法律指定的原则,第32/78/M号训令,规定了发放各类财政津贴的形式,后来,第144/83/M训令对津贴金额作了若干修改,1985年,由9月14日第199/85号批示设立了对教师的直接津贴。"这一系列津贴,无论是直接发给学校(以支付其运作、工程和费用)还是发放给教师(作为对其工资的补偿)的津贴,显然都起了抑制教育开支增加的作用,而教育费用直接反映到学费上。即使如此,如不是全部私校的话,大部分私校都收费,学生必须缴学费才能就读。为了减轻家庭的负担,政府于1978年设立了就读助学金(参看第32/78/M号训令),保证了10%经济困难的中、小学生可以支付学费。[①] 虽然如是,其余90%的私校学生负担学费的旧貌依然未改。

2. 私校是澳门教育的主流,其学生人数占全澳学生总数93%以上,但所接受的资助经费比例比起官校相距甚远(表4-14、表4-15)。

表4-14　　　　　　私校学生所占比例表[②]

年份	学生总数	官校	私校人数及占百分比(%)
1985	61854	3698	57886	94.00
1986	65898	3958	61940	93.995
1987	70295	3915	66344	94.38
1988	73877	4582	69295	93.80
1989	77069	5117	71925	93.36

---

① 罗成达:《澳门过渡期的教育现状与前景》,《澳门教育改革》,澳门:东亚大学研究中心,1991年,第37页。
② 1985—1987年数字来自澳门统计暨普查司的"统计年鉴",私校人数减去官校人数而得。1988—1989年来自该司的"教育调查",比例来自计算。

表 4-15　　　　　　　不牟利私校所得资助表①　　　　单位：万元澳门币

年度	全年教育支出	全年资助不牟利私校	资助私校所占比例（%）
1983—1984	4144	560	11
1984—1985	5825	560	9
1985—1986	9145	560	7.50
1986—1987	11221	2928	23.96
1987—1988	15680	约3000	约19.13
1988—1989	18000	约3600	约20
1989—1990	20700	6480	31.31

3. 官、私校学生受教育权利是极不平等的，官、私校教育经费标准悬殊。以下根据1986年的官方资料，两个年份中私校中小学的平均学费和政府对私校的各项资助所占百分比（25%），推算出以下的平均数字（表4-16）：

表 4-16　　　　　　　官校、私校平均教育经费比较

年度	1986—1987		1988—1989	
校别	中学生	小学生	中学生	小学生
官校	10000元/人	5000元/人	14000元/人	7000元/人
私校	20000元/人	1500元/人	3200元/人	1900元/人

以上推算，因缺乏确实数字，只能描绘出教育资源分配的一般现象概貌。一般来说官校学生享受12年免费的（与香港官校教育费标准相若）教育权利，而私校学生每年只能享受几百元的公共教育费，大部分的教育费都由家长承担这种不公平的现象，造成了本澳教育发展中一个非常严重的问题：与世界实行义

---

① 数据来自《澳门教育改革》，第68页。

务教育的国家比较，澳门教育费标准太低，而家长对学费的负担则太重。①

4. 澳门教育行政费庞大：根据过去3年记录，政府教育司人员薪俸一项的开支数字是极为庞大的。1990年教育经费预算中，教育司人员薪俸一项是一亿一千八百多万元，1991年增加到一亿五千一百多万元，1992年又再暴增到二亿一千多万元，占教育经费预算的56%，以官校的数目而言，这个比例是难以想象的。（注：官校教职员属教育司编制。）②

四 教育政策

（一）资助不牟利私校

1977年，澳葡颁布11/77/M法律，确定资助不牟利私校，翌年公告不牟利私校名单共48所。到了80年代，澳葡对澳门私立教育的支援显著增加。1984年公布65/84/M号法令，提出四项协助不牟利私校措施，并豁免不牟利私校教师职业税。1985年9月开始，向不牟利私校教师发放直接津贴，每人每月400—600元。1989年政府开始津贴不牟利私校全体学生，每人每年500元。到了1995年，29/95/M号法令实施七年《普及和倾向免费教育》，政府为每名学生投入每年4800元澳门币，加入的学校39所，占全澳私校62%。1997年颁布34/97/M号法令，核准并规范在1997—1998学年开始包括初中教育在内的第二阶段普及倾向免费教育，实行十年免费教育（表4-17）。

---

① 刘羡冰：《澳门教育改革的路向》，《澳门教育改革》，第37页。
② 胡国年：《浅探澳门教育政策与资源问题》，收入古鼎仪、马庆堂编《澳门教育——抉择与自由》，第18页。

表 4-17　　1977—1991 年关系私立学校的教育法规

颁布日期	法例	内容描述
1977 年 10 月 22 日	第 11/77/M 号法律	给予不牟利私立教育事业以适当扶助
1977 年 12 月 31 日	第 13/77/M 号法律	修订 No.11/77/M 号法律第七条（管制法例）
1978 年 2 月 28 日	第 33/78/M 号训令	给予不牟利私立教育扶助订出管制法例
1978 年 11 月	教育厅公布	临时批准不牟利私立学校名单
1978 年 12 月 16 日	第 197/78/M 号训令	修订 No.33/78/M 号训令第 10 条，调整对不牟利私校的津贴
1980 年 12 月 13 日	第 252/80/M 号训令	修订 No.197/78/M 号训令，提高对不牟利私校的津贴
1981 年 9 月 19 日	第 146/81/M 号训令	修订 No.33/78/M 号训令第九条三款调整 ABC 类标准
1983 年 8 月 27 日	第 144/83/M 号法令	调整 ABC 三类学校的每班津贴金额
1984 年 6 月 30 日	第 65/84/M 号法令	给予不牟利私校若干资助方式
1985 年 9 月 14 日	第 199/85/M 号批示	规定接受直接津贴的教师必须办理教师登记
1989 年 1 月 12 日	第 6/89/M 号训令	调整 ABC 三类学校的学费标准及背板津贴金额
1989 年 12 月 29 日	第 219/89/M 号训令	调整中小学助学金金额
1990 年 4 月 9 日	第 40/GM/90 号批示	调整给予非牟利私校教师直接津贴
1990 年 5 月 21 日	第 58/GM/90 号批示	学生福利的经济援助条件
1991 年 1 月 21 日	第 9/91/M 号训令	调整汇总小学生助学金金额
1991 年 8 月 5 日	第 12/SAAEJ/91 号批示	调整学生福利金金额
1991 年 8 月 29 日	第 11/91/M 号法律	订定澳门教育制度一般职程

对于政府支持教育工作与及教育工作规模化的问题，杜岚早已关注，她在《教育澳门教育的历史》一文中，指出澳门教育向来缺乏较完整的管理体制，政府只关注占全澳学生人数比例不多的官立学校系统，却对澳门教育核心的非官办学校不闻不问，造成这些学校的教师待遇与教学设备跟官校差距很远，影响澳门整体的教育素质。到了政局起了变化，人才的需求与以往不同，政府应该为了社会发展需要，加强对非官办学校的支援与规范。她说：

澳门教育事业的发展也是自由主义状态的，缺乏较完整的管理体制。澳门的学校，从经费来源来分的话，有官办的、教会（天主教、基督教）办的和私校（社团、私人）。从学生人数来看，教会学校和私立学校占全澳学生人数百分之九十三点五，可见教会学校和私立学校是澳门教育事业的主力，而澳门当局几十年来只是集中关注在有限的几所官办学校上，对支撑整个澳门教育的众多非官办学校则缺乏关注，七十年代后期至今在经济上有了些支助，五十年代中期又开始发教师直接津贴（中学五百、小学四百），但同官校教师待遇来比少得可怜，且支助办法不合理（ABC 级），对各校的课程设置，教学设备，教育、教学质量等均缺乏指导，各校各行其是，各显神通，这样，培养出来的学生的质素也参差不齐。怎样来鉴定？是否符合澳门社会的需要？这些，几十年来只是靠社会各行业人士、家长凭感觉去甄别，或从学生到社会工作实践当中也可得出结论。[①]

（二）增加对私校的规范

在过渡期间，澳葡政府增加支援的同时，对私校的规范亦相应增加，曾经意图推行葡语和统一学制，增强葡国对日后澳门的影响力。1988 年 2 月，澳葡教育司副司长施绮莲向记者表示："当局计划统一目前澳门中小学的学制……除年制外，亦会统一课程内容……""一定是以中葡两种语言为主，澳督亦多次强调推广葡语。"[②] 这种言论受到澳门中华教育会和澳门天主教联会大力反对，认为占学生 80% 的中文学校课程负担已重，不宜强行增强葡语科，而教育界和家长也没有统一学制的要求，澳葡的

[①] 杜岚：《澳门教育的历史》，黄洁琳编《六十春秋苦耕耘——澳门濠江中学杜岚校长专集》，第 102 页。

[②] 刘羡冰：《世纪留痕——二十世纪澳门教育大事志》，第 115 页。

意图最后未能落实。

虽然强制学习葡语及统一学制未能成功，但政府教育部门也组织了教委会和教育技术改革委员会，展开对全澳学校的规范化工作。希望订定《澳门教育制度总纲》，明确规范教学人员的学历、资格、工作条件、权利和义务。对原来组织散漫的私立教育，建立起一个较有组织的框架，在这框架内，各校行政依然自主。

对于规范私立教育的问题，杜岚也提出了自己的看法，她认为义务教育的推行，要从实际出发，所以态度及方法上应征询各校校行政和教师意见，方能制订出适合教育发展要求和使教育事业向前发展的规划。她主张加强中文教育，推动中文合法化。认为澳门学校不重视中文，其实澳门中、小、幼学校（私立、教会）都设置语文课，且节数不少，而主要是澳门学生学习中文情况欠佳，受本澳客观环境影响最大。学制上，当时澳门中学，大多数采用五年一贯制，杜岚认为六年制较五年制更为合适本澳中学，因为六年的学习时间较长，对学生的学习有更多好处，教学效果更理想。此外，她主张：

1. 教育资源要合理分配

她主张教育资源要合理分配，教育当局不但要制订出适应当前历史特定条件下教育政策，且要拨出大量资金发展教育，在教育资金方面应保证合理分配促进教育发展。并且要鼓励社会各方面力量支持发展。当前澳门出现学位不足的现象，如没有政府分区增建学校，或拨地予私校建校，又或在私校现有条件下扩建学校，这个问题是不容易解决，越来越多的少年儿童将会失学，更谈不上义务教育问题，而是有钱也不易找到学位问题，这也是当前一个比较严重的社会问题。①

---

① 杜岚：《浅谈澳门教育问题》，黄洁琳编《六十春秋苦耕耘——澳门濠江中学杜岚校长专集》，第107页。

2. 学校应设立公民教育，培养爱国爱澳、有理想、有道德文化、守纪律的公民

在澳门已进入过渡时期的形势下，培养人才既要适应澳门需要，也要响应祖国号召。教育要面向现代化，面向世界，面向未来，贯彻德、智、体、美全面发展方针，使青少年儿童在品德、智力、体质等方面都得到发展，成为爱祖国、爱澳门、有理想、有道德、有文化、守纪律的公民，为培养澳人治澳的人才奠下基础，为此澳门文化机构、教育团体或学校本身都应关心编制公民教材供应学校采用，成为对青少年儿童德育教育的重要内容，也使青少年有抵抗恶劣环境的免疫力。①

（三）解决"三化"问题

有关澳门人才方面，当时社会经常讨论的"三化"问题。"三化"的问题就是公务员本地化、法律本地化和落实中文的官方地位，为保证澳门政权在1999年能够顺利交接，"三化"问题必须解决。

联合联络小组对这些问题进行反复具体磋商。澳门居民也格外关心过渡期的各种问题，并且积极采取行动配合澳葡政府，为实现顺利过渡出谋献策。比如，按照联合声明规定，未来澳门特别行政区政府和立法机关均由当地人组成，即行政首长及主要职务的官员要由华人（包括已加入了中国籍的葡人）出任。这是体现"澳人治澳"的根本标志。澳门葡萄牙政府的官员几乎全部是葡人，尤其是高中级官员，因此，大批培养治澳的"澳人"人才非常迫切和重要。不少有识之士对此感到焦急和忧虑，希望澳葡政府早日施行公务员本地化，并培养高级人才，使中文成为

---

① 杜岚：《浅谈澳门教育问题》，黄洁琳编《六十春秋苦耕耘——澳门濠江中学杜岚校长专集》，第108页。

法定语言等，可以定出一个分阶段实施的时间表。

对于这问题，有的建议采取多渠道来培养行政管理、法律、经济技术与管理的"澳人"人才。有的提出应以澳门的东亚大学为基地，加强培养具有公共管理、法律和其他科学知识的领导和专业人才。有的呼吁澳葡政府各部门把一批有才华的、品行端正的、有作为的"澳人"及时吸收参加政府工作，让他们熟悉澳门的行政管理、了解社会现状，减少从葡国聘请官员。在这种风气下，一些青年积极参加培训，被选派到北京学习中文和中国法律、到葡萄牙学习葡文和葡萄牙法律。有的社团还主动开办有关人才培训班，为培养"澳人"人才直接出力。教育界人士则认为，联合声明规定的双语政策，关键是落实中文的官方地位，在政府的活动中应对这方面多做工作，反对在澳门的中小学强制推行普及葡语教育，葡语只应作为有兴趣的学生的选修课。总之，澳门各社团，包括葡裔社团都为过渡期实现"三化"付出了大量心血，作出了极大努力。[①]

向来关心国事的杜岚，对澳门回归祖国的情况特别关注，不时利用周会向学生分析澳门的前景及指出解决问题的方向。她认为澳门问题能够迅速顺利解决是中葡两国政府和人民共同努力的结果，而全面贯彻实施协议的内容，也是中葡两国人民共同的责任。她认为面对这过渡期，作为老师与学生，可以从四个方向来应对：一是要认真学习协议文件和领会其精神，加强对澳门前途的信心。二是当老师的，要努力提高教学水平，不断创新教学方法，不要因循守旧。三是作为学生，更应努力学习，学知识、学本领充实自己，为澳人治澳担当责任。四是自己理解了协议内容和精神之后，还应向亲友讲解介绍。

她在1987年3月30日濠江中学的周会上，向学生具体地指出，澳门进入过渡期，大家应怎样面对社会的改变。她说：

---

① 黄鸿钊：《澳门历史纲要》，福建人民出版社1991年版，第304—305页。

澳门问题能够迅速顺利解决是中葡两国政府和人民共同努力的结果，今后，全面贯彻实施协议的内容也是中葡两国人民共同的责任。声明中说，希望双方都不做损害澳门稳定发展的事情，并创造条件保证1999年政权移交得以顺利完成，为澳门光明前景作出贡献。

澳门已进入过渡时期，从中葡联合声明中可以了解，它将效法香港，建立中葡联络小组，制订基本法，逐步实现行政人员本地化，为权力顺利交接创造各种条件，澳门继续保持稳定和经济发展是可以有保证的。《人民日报》社论赞扬广大澳门同胞具有爱国传统，爱祖国、爱澳门、拥护祖国统一，我们作为爱国学校师生，在过渡时期应如何做呢？

一、首先要认真学习协议文件和领会其精神，加强对澳门前途的信心，提高爱祖国、爱澳门的思想，依靠我们自己的力量，依靠祖国的后盾，以当家作主精神把澳门过渡时期工作做得更好。

二、我们当老师的，要努力提高教学工作水平，钻研业务，不断创新教学方法，不要因循守旧，为混饭过日子，要负起培养人才的历史使命。这才不愧为人类灵魂工程师。

而同学们更应努力学习，学知识、学本领充实自己，为澳人治澳担当责任。因为在十二年后依您们的年龄来讲正是大学生、硕士、博士年龄，也正好是治澳人才，有资格当司长、所长、局长。澳门的发展、进步，要靠您们，所以作一个中学生要有清醒头脑，认识时代，认识自己责任之重大，不要糊糊涂涂混过时光，浪费青春。不要过早谈恋爱，影响学业，影响前途。今年中五毕业班同学已有了很好的思想准备，听说三班有九成以上同学准备考大学，这是好榜样，有志气，有前途，希望中四以下各班都要及早订计划，打定主意，努力学好各科功课，作好升级和升学准备。希望全校师生都能以好的工作质量和学习成绩来体现我们爱国学校的优越性。

三、我们师生自己理解了协议内容和精神之后，还应向亲友讲解介绍，因为可能有少部分人对收回澳门主治权的伟大意义和国家对澳门问题妥当安排不甚理解，有些人仍揪往祖国"文革"以来一些缺点错误不放，认为归还大陆有甚好？其实根本上讲，解放前中国是半殖民地半封建社会，丧权辱国事多得很，今天在中国共产党领导下的国家连香港、澳门两块土地也能收回，成为完全独立自主、领土完整的国家，在中国历史上从未有过，作为中国人都是炎黄子孙，应有民族自尊感，有爱国心，向外宣传解释也是我们爱国学校师生责任，希望我们团结努力。①

杜岚认为澳门缺乏人才是一个社会问题，不容易解决。主要是因为教育发展未能配合本地经济制度与结构的需要。她说：

> 我们常会听到一些十分矛盾的话，有些工、商企业认为澳门本地没有人才，需要从外地招聘，而学业有成的澳门学者，却又往往说澳门不适合自己的发展跑到外地去工作，这些现象不是偶然的。造成这些现象的原因也是错综复杂的，人事制度问题；工资、政治待遇问题；工商企业的门类狭窄等等问题都会造成这一现象。这样一来，就往往影响了青年的进取心，"在澳门读书多了也没用"，这是一种心态，甚至连一些家长也是这样一种看法，这更影响了青年一代的求学心。这个问题就不是单靠教育所能解决的了。这是一个社会问题。②

---

① 杜岚：《谈谈中葡会谈协议草签》，黄洁琳编《六十春秋苦耕耘——澳门濠江中学杜岚校长专集》，第127—128页。
② 杜岚：《澳门教育的历史》，黄洁琳编《六十春秋苦耕耘——澳门濠江中学杜岚校长专集》，第105页。

她同意一些专业夜校的兴起和成人教育的发展，对解决人才问题，提升人才素质，也起了一定的作用。她指出，这类教育是对普通教育的一种补充手段，如东亚大学校外课程的设置，业余中心开办的各种专业进修班，成教协会和专业人士开办的培训，对弥补学生或在职人员专业知识的不足，适应社会各行业的专业需要，起了十分重大的作用，值得我们钦佩和赞扬，也是值得社会各界人士的关心和大力支持的。她认为不管是基础教育或职业技术教育都要重视全面提高素质，使教育走向现代化，这样才能适应澳门社会经济发展的需要。

五　濠江中学的发展

杜岚在推动澳门教育前进的同时，也积极在濠江中学提升教学素质，无论在校舍、学校建设的硬件上，还是在教师素质、教学方法和课程设置上，都进行大力的改进，有明显的提升。加上当时中国内地开始提出四个现代化的目标，教育事业亦日益受到重视并得到发展。杜岚与内地关系密切，这种情况下，她的事业再次发展起来，开创了另一个高峰。最明显的是学校日渐扩展，招生日多，1978年全校学生多达2800人。新的礼堂大楼、地理室、电化教室相继落成，扩充了物理、化学、生物实验室。B座大楼天台还建有天文观测室。学校设备完善，日臻现代化。

她盛赞历年来学校先后在校董会何贤董事长、马万祺董事长领导下，在社会热心人士大力支持下，组成了"濠江中学扩建校舍筹募委员会"，筹募扩建经费。工商界人士和家长、校友、全校师生员工热烈响应，踊跃捐款，连澳门教育司也给予资助。她分析濠江中学之所以能够募集到巨款，其原因在于学校的成绩和信誉，澳门的人士认同濠江中学的办学理念，认为濠江中学办学是一所不谋私利的私立学校，是一所大众的学校，看见杜岚办学认真的作风，相信她会用这些钱把学校建设好。

（一）校舍方面

中学部经过 20 多年的努力，建成两座教学大楼和一座连阁楼的大礼堂。1986—1988 年又先后建成两座分别高 5 层、6 层的新教学大楼。1990 年小学部新建的 8 层高的校舍也落成了。

（二）教师素质方面

杜岚指出要办好教育，必须依靠教师，教师的素质，决定教育的质量。她一贯重视师资队伍的建设。澳门过去没有高等学府，时至 20 世纪 80 年代初仍无培养师资的师范院校。她十分重视在职教师的业务进修，为了提升教学素质，选送一些教师到内地的师范院校深造，并组织学历资格差的教师参加华南师大的函授学习，又从内地聘请了一批优秀教师来濠江教学。她聘用的中学部教学人员中，绝大部分都接受过高等师范本科或专科教育，有较长的教龄，有较丰富的教学实践经验，并且基本做到师资配套、专业对口。小学部和幼稚园部的师资质量也基本符合要求，使学校的教师整体素质维持高水平，并继续向上。

（三）教学设备方面

配合学校及社会的发展需要，濠江中学的教学设备不断更新，在 20 世纪 70 年代末期已展开现代化的教学手段。1981 年开设电脑课程，其后全校各班都设有电脑课程，有三个电脑课室，一个教师办公室，共有新型电脑 110 台，并有一个电脑中心，该中心统一处理全校各部门资料，又可以与校外及境外各地电脑网络交流信息，既服务教学，亦服务行政管理。1990 年在原有两个电化室的基础上又增加一个电化室和一个地理室，并扩充了物理、化学、生物实验室，两个学生为一小组进行实验。设备先进而且比较齐全，有些设备更属难得。

（四）学生方面

濠江中学的学生来自社会各个阶层，但仍以劳苦大众的子女为主体，杜岚认为虽然他们起点较低，但只要注意充分调动学生的积极因素，发挥他们的智力和创造性，教学效果仍然骄人。教师在教学工作中既注重大面积提高教育质量，又着力培养尖子学生，使入读高校的人数不断增加，有不少同学考入内地清华、复旦、中山等重点大学。学校参加全澳门奥林匹克数学竞赛也获得可喜成绩。还有部分学生去英、美、加、法、葡、澳等国留学，并已学有所成。有相当多的校友在澳门政府机构、各种团体担任领导职务，为社会尽力。[①]

（五）校风方面

杜岚自豪地认为濠江中学是爱国的学校，学校和师生间的利益是一致的，因此，她主张诚恳、谦逊、有礼貌，应该是全体成员间关系的特征，认为学校就像一个温暖的大家庭，师生团结友爱互助，同学之间也亲切融洽。但由于学生川流不息，一批来一批去，表现就会产生差距，大部分学生都注意并做到诚恳、谦逊、有礼貌，但仍有不少学生的表现不合要求。一种是在对待学习、工作上都表现出诚恳、谦逊、有礼貌的良好品德；另一种是假礼貌，外表看来彬彬有礼，但实际上是轻浮、粗暴、偏狭，这些同学见了老师行礼鞠躬，问好，但背地里却说长道短，讲怪话，起花名，在学校里表现一派斯文，在家却不讲礼貌，不尊敬父母和长辈，打骂弟妹，稍不如意就发脾气；第三种是完全不讲礼貌，在校内学习不认真，对老师不尊重，见面时视如陌路人，在公共场所装作不识。她希望学生在态度上应有改变，让诚恳、

[①] 高万泉：《杜岚——从黄土高坡走来的教育家》，黄洁琳编《六十春秋苦耕耘——澳门濠江中学杜岚校长专集》，第162页。

谦逊、有礼貌成为一种风气。在学习、工作中体现到；在学校、路上和公共场所都能见到；对家长、长者、亲友尊敬；在车上要让座给老人，还要爱护年幼的人。① 杜岚认为必须要坚持德、智、体全面发展的方针对学生进行教育，从不放松对学生的德育培训。因此，濠江中学学生品德大多数是好的，或是比较好的。

1982年，濠江的中五毕业的同学接近150人，其中报考内地高等学校的达到三分之一以上；部分在本校读中六（大学预科）；大部分准备就业，到社会上学习和接受磨炼。

（六）教学法方面

杜岚十分重视教学方法，她同意英国教育家雷格教授在亲往香港多间中学观察教学情形之后所说："上课采取单一的传送模式，并不能有效地令学生明白课文内容，老师应尝试不同的教学法。"她也认同"教学方法影响到学生的学习态度，间接塑造了未来社会的形态"，及"若采用诱导方式教学，学生便富于想象力，在未来社会也有能力去自行解决问题"的说法。所以，濠江学校便是以此理念来改进教学方法。

她主张改革教育制度，提高教学质量，目的只有一个，就是更好地发挥优势办好学校，更好地培养德智体美全面发展的人才，使他们更有能力，更有效地为澳门的安定繁荣作出贡献。②

（七）课程方面

1982年杜岚曾经总结经验，指出濠江中学近年来，教与学的质量都有了提高。特别是较为薄弱的英语方面，亦有加强。她说：

---

① 杜岚：《对人要诚恳、谦逊、有礼貌》，黄洁琳编《六十春秋苦耕耘——澳门濠江中学杜岚校长专集》，第79页。
② 杜岚：《发挥学校优势，改革教育制度》，黄洁琳编《六十春秋苦耕耘——澳门濠江中学杜岚校长专集》，第118—119页。

由于主客观的种种因素造成，我校英语教学比较薄弱。为了加强英语教学，我们先后增设了语音、演示等电化教室，并且不断增聘外籍教师担任高年级和中六班英语教学。事实证明，我校学生英语水平已有所提高，已经有毕业生顺利考上大学外（英）语系。

怎样办好中六是我校行政上主要课题之一。要办好中六，我们除了向友校汲取经验和参考课程设置之外，还根据本澳的社会需要面作出决定。经过两年实践，我们初步摸索出一条道路。去年修业期满而报考大学的中六同学，被取录的比例占百分之九十以上；今年在升大学的同学之中，有四个有资格得到推荐入学。读中六的同学，大部分准备就业。为了培养同学掌握现代商业知识，从中四、中五开始，已设有电脑、英文会计、葡文等科目，中六除了有中、英、数、电脑、英文高级会计、葡文、日文等课程之外，我校还与东亚大学进修学院合办经济学原理、市场管理、财务管理等课程，由东亚大学进修学院派教师到校授课，修业期满，由学院颁发证书。①

杜岚预见到澳门教育的发展有很大的空间，准备在离岛氹仔创办中学部分校，在毗邻珠海拱北人口集中的地段建立小学部和幼稚园的分校，为澳门城市的发展作出更多贡献。她撰写《澳门教育简史》，发表论文，就当前澳门教育改革和推行义务教育等问题发表意见，积极推动澳门教育事业的发展。澳门教育司组成了教育委员会，计划研讨本澳教育制度问题。该委员会成员，都是澳门教育界知名人士。杜岚身为委员会成员之一，愿意竭尽

---

① 杜岚：《光荣艰巨的任务》，黄洁琳编《六十春秋苦耕耘——澳门濠江中学杜岚校长专集》，第95页。

所能推动工作,希望把新历史时期的澳门教育推向新阶段。此外她还担任中华教育会名誉顾问、北京市教育学会名誉理事,还曾任广东省人大代表、政协委员会等职。1985年6月荣获澳督颁发的教育劳绩勋章。

第五章

二十世纪九十年代

　　进入20世纪90年代，杜岚校长与濠江中学的发展并没有停顿下来，相反更积极地投入澳门教育改革的工作。澳门教育改革的进度加快，一些影响深远的政策法规，先后制定并且施行。这些法规中，最重要和最具影响力的，就是1991年8月正式颁布的《澳门教育制度》（法律第11/91/M号），内容包括教育范围与原则、教育制度的组织、教育辅助与补习教育、人力资源、物质资源、教育机构教育制度的管理、教育制度的发展和评核等。并且列明其后更会有一系列的法规公布，包括教育机构章程、免费教育、教师章程和职程等法规，作为补充。

　　澳葡政府对澳门教育的关注，可以由1977年10月22号《第11/77M号法律——对不牟利私立教育事业的扶助》正式颁布说起，澳葡政府开始对不牟利的私立学校予以资助，澳门的教育才开始较大的变化。内容主要包括可豁免不牟利私立学校的各种税款，对不牟利私立学校给予补助金及对学生给予助学金，并在次年2月落实，规定根据各学校收取的学费比例，向中小学每班发放津贴，反映澳门私立学校与政府的关系开始出现转折。

　　澳葡政府对私立教育的支援，在教育政策上的转变，主要是受政治环境的影响。1987年，当《中葡联合声明》在北京签署后，澳门正式开始踏入过渡期，这成为推动澳门教育发展的新动力。由于规定政权在1999年移交，澳葡政府有责任为日后的特区政府提供治澳人才,于是开始对澳门的教育积极关注,而澳门的教育界亦寄望在政府的支持下,无论在质与量上,教育事业都可以有较大的进步。为了日后澳门回归,政府需要推动"中文官方化、法律本地化、公务员本地化",可是,当推动这"三化"时,政府发觉澳门受过高等教育或专业者极少,学历偏低的情况严重,很难达到"三化"的要求。为了解决"三化"问题,迫切需要推动教育改革,提升教育质素(表5-1)。

表5-1　　　　　　　统计普查司1989年就业调查

学历	人数(人)	占在业总数(%)
	劳动人口231399人	在业人口222800人
未入学/基本教育完成前	44166	19.8
基本教育完成	52856	23.7
初中	50781	22.8
高中	62778	28.2
专业/高等教育	12257	5.5

资料来源:《澳门日报》1990年5月26日。

在政治环境日渐改变的情况下,教育的地位及价值明显提升:(1)关于中文官方化,除了要确切落实教学语言中文化外,政府还希望加强对私立学校的规管,并推行"普及双语制总政策",希望提升葡语在澳门的影响力。(2)至于法律本地化,大方向就是要删改一些不合时宜的葡国殖民法律,重订一套适应和促进澳门本地发展的法规,而教育法规的订定便势在必行。(3)公务员本地化方面,从教育社会学的角度出发,教育的本质就是培养合适的人才,故公务员本地化亦系于教育。特别是在"澳人治澳"的未来管治方针下,华人公务员的培养更是刻不容缓,私立学校的学生占了全澳学生人数的九成,政府亦明了发展私立学校教育是能否培育治澳人才的关键所在。

在这种背景下，澳葡政府加快了基础教育立法的步伐。1989年，成立"澳门教育改革技术委员会"，由澳督委任6名教育官员和两名私校教师，试图全面阐释澳门教育制度的范围、组织、辅助系统、教育资源、教育机构及其管理机制、课程设置与评估。经反复研讨和修订后，于1991年8月29日，正式颁布《澳门教育制度》（法律第11/91/M号）。该法律及随后以其为基础而制定的一系列教育法规，第一次明确提出澳门"应该"推行10年普及免费教育，又处理了各教育参与主体（包括政府、办学实体、学校、教师、学生、家长等）的关系、促进学校及整个教育系统的发展、规范教育行政的运作、保障教育资源的投入和教育民主的实现，被喻为"教育母法"。这部法律和一系列相关法令的推出具有重要意义，因为它们使得澳门教育的问题由最初"政府该不该参与"，一跃成为"政府该如何参与"这一世界各国教育发展所面临的共同问题上，某程度上标志着澳门教育改革本土化的真正开始。

这时期的杜岚校长，一方面在校内推行各种措施，解决学校发展遇到的各种问题，另一方面又积极参与澳门教育政策等事务，为澳门的教育改革出谋献策。

一 澳门教育制度纲要法

澳门教育工作者协会主办了教育改革面面观讲座，指出澳门当时存在的教育问题很多，主要是（1）教育资源分配不合理；（2）学额不足；（3）师资培训不足；（4）教师流失量大。大会的结论和共识是政府应尽快推行义务教育，进行教育改革。[①] 政府亦意识到，要培养治澳人才，以及配合日后澳门经济发展的需要，有必要进行教育改革，推行义务教育。

推行之前，需要建立一套法规，以规范澳门的教育发展。于

---

① 《大众报》1990年4月23日。

是，1990年3月教育委员会公布《教育制度纲要法建议案》，文件的内容分十章，包括：范围原则、教育制度的组织、教育辅助与补充、人力资源、物质资源、教育机构、教育投资、教育制度的管理、教育制度的发展和评核、末则和过渡条文。并成立十人工作小组，计划以六十天内收集市民意见，完成一份报告书。义务教育的推行，亦是以此文件为起点。

文件推出后，教育界正反两方面的反应都有。教育界对政府推行教育改革，实施义务教育加以肯定。就如吴鸣世发表在《澳门脉搏》的评论文章，指出建议案内是以葡国的《教育制度基本法》为蓝本，未能完全回应澳门的教育问题，也认为是无可厚非的，只要把内容条文修订便可以接受。①

不过，更多的教育工作者，在同意政府推行教育改革的同时，认为《教育制度纲要法建议案》有很多不足之处，对其中很多条文都有异议。其中最受教育界反对的有以下几个问题。

（一）统一学制

澳门教育发展一向保持着学制多样化，办学各自为政的情形。澳门中小学教育分别存在三种系统：中文系统、葡文系统和英文系统。学制有四：一是中国学制，小学六年，中学六年（初中三年、高中三年），共十二年，占全澳学生86.05%。二是港英学制，小学六年，中学七年（初中三年、高中二年、预科二年），共十三年。澳门的英文学校采用，占全澳学生6.59%。三是葡国学制，中小学有十二年，包括小学四年，两年预备中学，中学六年（初中三年、高中二年、预科一年），占全澳学生1.08%。四是中葡学制，六年小学，五年中学。是20世纪开始提供华人就读的官校，教授中葡双语，占全澳学生6.28%。各校保持学习年限不同，课程不同，教学大纲不一，教材不一的特殊情况。

---

① 《澳门脉搏》1990年4月20日。

早在《教育制度纲要法建议案》推出前，1988年2月初，政府曾接见教育团体负责人，提出"教育改革统一学制计划"，教育团体的意见是澳门向来是多元学制，没有必要统一，如果要统一，很难决定要以哪种学制为标准。经过一年的讨论，当局承认澳门学制是多元化，没再提出统一学制的要求。可是在1989年纲要法咨询稿内，文中虽没提到统一学制，但文中列出四个副学制，并没有列出主学制，教育界认为变相要与会者找出主学制，有统一学制的意图，对此提出异议，要求修订。例如澳门教育学会提出意见，认为政府建议小学分二阶段，第一阶段4年，教学采用包班形式，由一位教师教授全科，第二阶段2年，采用专科专教形式，而高中有意采用3+2+1形式，是有意以葡制来推行统一学制。①

1990年12月，澳门天主教学校对建议案进行了问卷调查。澳门天主教学校联会学校共28间，教师1000人，填写问卷的24间，900人，收回734份，收回率81.5%。联会把结果整理后致函政府，就建议案内容提出各项意见，在学制方面就主张保留多元化，不宜统一。②

学制方面，杜岚认为六年制较五年制更为合适本澳中学，一是因为六年的学习时间较长，对学生的学习有更多好处，教学效果更理想。如果把课程压缩在五年内完成，容易使学生追不上功课，学习成效低，因而导致情绪不稳定、犯规行为增加的现象。二是采用六年制，日后学生前往内地升学，衔接容易。她说：

> 本澳中学，大多数采用五年一贯制。我校实行这学制已有二十一年历史，在贯彻德智体美全面发展的方针下，毕业生走上社会工作，大都能胜任，有的已成为人才；每年考取内地大

---

① 《大众报》1990年12月12日。
② 《华侨报》1990年12月18日。

学的，亦有相当多同学。这说明五年一贯制的可行性。

但随着形势的变化和课程的增加，我们感觉到继续将应在六年内完成的功课压缩在五年内完成的做法，不利于教育事业的发展，不利于提高教学质量。

在现阶段，五年制教学的最大弱点是教学时间短了，但教学内容增加了。于是出现教师拼命赶，拼命教，无时间进修，无时间向学生进行耐心细致的教育。在学生方面，普遍出现旧功课未能巩固，新功课追着来，因而导致情绪不稳定，基础知识低，犯规行为增加。

更必须提出的是，本澳中学毕业生，大部分升学内地，由于课程与内地有差距，即使考上大学，成绩也属差强人意；而在高中阶段采取文、理分科的教学法，毕业基础知识得不到全面发展，尤令人慨叹。

基于上述种种因素，我们经过反复研究，都认为中学应该恢复初中三年、高中三年的"三三制"，提高教学质量。[1]

（二）教学语言

在过渡期间，澳葡政府曾经意图推行葡语，希望在退出澳门管治前留下其文化影响，增强葡国日后在澳门的影响力。1988年2月，教育司副司长施绮莲向记者表示："当局计划统一目前澳门中小学的学制……除年制外，亦会统一课程内容……""一定是以中葡两种语言为主，澳督亦多次强调推广葡语。"而政府接见教育团体负责人时，亦征询可否在小学推广葡语。[2] 这种言论受到澳门中华教育会和澳门天主教联会大力反对，认为占学生80%的中文学校课程负担已重，不宜强行增强葡语科，而且教育

---

[1] 杜岚：《发挥学校优势，改革教育制度》，黄洁琳编《六十春秋苦耕耘——澳门濠江中学杜岚校长专集》，第117—118页。

[2] 《大众报》1990年21月6日。

界和家长也没有统一学制和用葡语教学的要求。

政府在推行葡语教学上遇到阻力,就转而提出学习第二语言,主张小学生"掌握所选择之教学语言之阅读与书写能力后,并可以开始学习一种第二语言"。①虽然政府并没有明言指出第二语言是葡语,但教育界从政府之前提出的主张看来,估计政府是想通过所谓第二语言的学习来推动葡语教学,所以群起反对。反对的理据主要是:(1)澳门的教育政策向来让学校教学自主,不宜随意更改,对教学语言作出规定与限制。(2)学校原来的课程已重,如加上学习葡语课程,一来学生负担更重,恐怕接受不了,二来课程时间不足,学习效果难以保证。(3)以学习第二外语来看,英语较葡语更有国际地位,更具经济效益,如要学习第二语言,不应强制以葡语为第二语言学习对象。澳门中华教育会副理事长刘羡冰认为,政府承担免费教育责任,葡语教学不能作为条件。

基于教育界反对,1991年4月教育司司长施绮莲表示,政府从没规定私校选择第二种语言,只是对官校强制性规定采用中葡双语课程。她表示教育自主是需要规范,但当局无意干预。私校在教授母语外,完全可以自主选择任何语言作第二语言教学。官校则不同,中葡学校以中文为母语教学,则必以葡语为第二语言。若以葡语为母语教学,则必以中文为第二语言。②

对于政府的决定,占澳门教育的80%的私校都接受,没太大的反对意见。虽然曾有读者在《澳门日报》上发表文章,不满政府在官校推行中文及葡文教学时,在政策上没有采取平等措施。以中文为主的官校是"强制性教葡语",而以葡文为教学语言的官校,只是"逐步增设华语",并明确指出忽略英语对澳门步向国际化没好处。③澳门中华教育会、澳门天主教学校联会与

---

① 第11/91/M号法律,第8条。
② 澳门中华育会资讯服务中心编印:《教育资讯》1991年第5期,第3页。
③ 同上书,第20页。

政府举行会议时，也认为以中文为教学语言的官校强制教葡语有违公义。① 不过，最后由于官校的体制问题，官校是由政府全权管理，性质与私校不同，教育界也没有再大力反对，争论告一段落。

在教学语言上，杜岚主张加强中文教育，推动中文合法化，她说：

> 中文教育在澳门的落后状态比教育还突出些，并不是说澳门学校不重视中文，其实澳门中、小、幼学校（私立、教会）都设置语文课，且节数不会少，而主要是澳门学生学习中文情况欠佳，语文水平较低，具体表现在一般学生思想水平、思维分析能力、语言表达能力、写作能力都偏低，原因是客观环境影响。（1）学生对学语文兴趣不高，近几年来特别高中学生很多重理轻文，又热衷于电脑、会计等实用科目。（2）中学毕业从事一般社会工作多属低薪阶层，如教师、秘书、新闻从业员，如想进入政府机关工作，是以葡文为官方语言，而进入大机构、社团又多以英语水平为选拔标准，所以目前社会舆论要求中文合法化是有道理的，也是中葡协议中所强调的，加强语文教育，调动学生学习语文的积极性是政府教育部门和教育工作中重要一环。②

（三）学前教育

在《教育制度纲要法建议案》内，政府在第二章教育制度的组织第四条虽然提到澳门教育制度包括学前教育，并在第六条列出学前教育的目标，可是，在第七条免费及强迫教育内，只包

---

① 《华侨报》1991年4月18日。
② 杜岚：《浅谈澳门教育问题》，黄洁琳编《六十春秋苦耕耘——澳门濠江中学杜岚校长专集》，第108页。

括小学及初中，第一阶段实施小学免费教育。①

对于不把学前教育纳入学校教育体系内，教育界提出强烈反对意见。中华教育会向立法会提供教纲法建议案修改意见时，认为学前教育被排除出学校教育外，不符合澳门实际情况。澳门教育学会在报上发表文章，对学前教育的价值，以及欧美国家为例，说明学前教育是整体教育的基础部分，应纳入学校体系内，不宜推出学校教育外。② 澳门天主教学校联会回应教纲法建议案时，对学前教育应否列入学校教育的问题亦作出分析讨论，结果是应把学前教育列入学校教育内。③

1990年6月，澳门各报章刊登了对学前教育问题的讨论文章，虽然有论者认为儿童不一定要接受学前教育才入读小学，但读者一般都认为学前教育重要，以澳门情况而言，学前教育应该纳入学校教育体系内。此外，文章的内容更扩大至学前教育的各种问题，例如幼稚园资助、师资训练、教师薪酬低、工作量大和福利保障不足等情况，希望当局尽快改善。

由于社会各界对教育政策热心关注，教纲法建议案的咨询期延长，经修订后交到立法会审议。在1991年5月，五个教育团体，包括澳门天主教学校联会、澳门中华教育会、教师联谊会、澳门教育工作者协会，及东大教育学院，举行多次联席会议，在1991年5月27日将教纲法建议案修改意见书提交立法会的社会卫生教育及文化事务委员会，提出十一项意见，包括：（1）学制；（2）教育决策；（3）教育资源合理分配；（4）教育委员会；（5）教学语言；（6）幼儿教育；（7）小学独一教师制及中学一教师教授一科目；（8）教师；（9）教育工作者权利；（10）校长委员会；（11）文字修改及补充。至此，就《教育纲要法》进行咨询的工作基本结束。④

---

① 澳门中华育会资讯服务中心编印：《教育资讯》1990年第5期，第1—4页。
② 《大众报》1990年7月19日及12月12日。
③ 《大众报》1990年8月2日。
④ 澳门中华育会资讯服务中心编印：《教育资讯》1991年第6期，第6—7页。

1991年7月，立法会通过《教育制度纲要法》全文，有关教学自由条文（即是葡语和华语教学问题），争辩四小时始获共识。政府将逐步实施免费及普及教育，并拨出五幅土地供私人办学，以及提供200万元资助扩建校舍，解决当时学额不足的问题。教育界对通过《教育制度纲要法》表示基本满意，只是不满意非牟利私校教师的职程及教师福利问题，没有在教纲法中反映，没有规定教育资源、教育经费如何合理运用。[1]

随着教纲法通过，更多的细则条文及具体政策需要研究如何落实，如何执行。政府于是广邀热心教育人士加入教委会，组成各不同小组研究教育改革发展。1992年3月8日，杜岚被澳督委任教委会成员，教委成立四特别工作小组，制订免费教育概念，研究私校章程、研究课程发展及成人教育等工作。[2]

二 义务教育

杜岚对义务的教育十分赞同，至于如何推行，她认为态度及方法上应征询各校校行政和教师意见，她说：

> 教委会和教育技术改革委员会在进行教改和推行义务教育。但对这些工作的进行有很大局限性，应以各种方式征询各校校行政和教师意见，从实际出发，方能制订出适合教育发展要求和使教育事业向前发展的规划。这对各校统一制度、统一教材也有好处，即是说有机会沟通和取得共识。[3]

---

[1]《澳门日报》1991年7月26日及28日。
[2]《澳门日报》1992年3月8日及16、31日。
[3] 杜岚：《澳门教育的历史》，黄洁琳编《六十春秋苦耕耘——澳门濠江中学杜岚校长专集》，第104页。

（一）实施过程

1991年8月，政府颁布《澳门教育制度》法律（第11/91/M号法律），对澳门教育作出规范，又明确推行义务教育，即免费及普及教育。虽然条文内没有订定免费教育的日程，不过，教育界祈望政府可以在1992—1993学年开始实施。可是，政府不久就表示未能在1992—1993学年推行免费教育，主要是上届政府滥用公帑，因缺乏经费被迫暂时搁置，在财政预算案内，教育经费较部门原来提出的计划被削减9700万元，只可维持对学生津贴不变，没经费开展免费教育。①而教委会免费教育工作小组召集人刘羡冰认为教委会工作进展慢，免费教育在1992—1993年度未能实施，是因政府未能提供足够的学生和教育经费的分配资料，以及长远拨款计划。②

教育界对政府的公布非常不满，认为是有搁置免费教育的意图。因此，立法会行政教育青年文化事务委员会发表声明来澄清，表示教育部门原申请预算被削9700万元，使政府未能在1992年开始小学六年免费教育，但并非有意搁置免费教育全部计划。而立法会在审议1992年施政方针时，议员促订实施免费教育时间表，以解除教育界的疑惑。③

为了平息教育界的不满，教育司提出预算时间表，表示免费教育可望延至1993年或1994年开始实行。不过，教育界认为政府是有意拖延，1991年12月15日，由七个团体发起，逾33000人参加签名争取免费教育，向政府施加压力。

在教育界的压力下，政府提出一个补充方案，在义务教育未有确定日程前，把学生津贴由每年1200元增至2000元，受惠范围扩至预备班（幼稚园高班），以减轻家长负担。这个措施，获

---

① 《澳门日报》及《华侨报》1991年11月28日。
② 《澳门日报》1992年5月22日。
③ 《华侨报》1991年12月13日及《澳门日报》12月20日。

得教育界的支持，有论者认为政府未有足够财力推行高质素义务教育前，先实行充分助学计划，效益更大。

由于免费教育没有实行日程，立法会审议教育政策时，有议员提出制定免费教育实施日程，可是遭到否决。因为部分议员担心高福利会导致高税制，认为推行免费教育的日程要视乎政府财政是否可承担而定。[1]

免费教育进展确是缓慢，到了1993年教委会负责免费教育工作小组才拟定具体的四个方案，建议依法先推行七年免费教育（即幼高至小学六年），下一步是十年（至初三）。小组计算教育成本，以预计推实施免费教育的经费，大概官校每位小学生教育成本超过一万元，私校平均每位三千元。教育暨青年司司长施绮莲对此表示欢迎，但仍称教委只属咨询性质，实行免费教育要看财力，显示政府仍未确定实施免费教育的时间。[2] 到1995—1996学年，政府才落实推行免费教育。

（二）实施的内容

实施免费教育前，各界对实施的细则提出不少意见，1994年9月23日，教委会委员、教育会理事长刘羡冰出席澳门电台澳门广场节目时，指出教育券方式较买位更适合澳门。这引发一连串的讨论，有赞成的认为方法简单易行，也有反对的，认为各校的学费不一，学券免费金额自然不一，导致出现不公平的情况。

到了1995年1月，政府正式公布将在1995—1996年度实施免费教育，并提出具体措施，又确定开始逐步实行十年普及免费教育。第一阶段幼稚园小学预备班至小学六年共七年，不采用政府买位和学券方式。具体方式是各校愿意接受纳入免费教育网

---

[1] 《华侨报》1992年12月4日。
[2] 《澳门日报》1993年1月7日及3月21日。

络，将向政府提出申报计划，签订协议书，政府按该校学生人数来资助免费金额，受资助的学校不能收学生学费。资助金额以本澳各学校某年级的学费平均数值来定。①

1995年6月，政府公布第29/95/M号法令《逐步推行普及免费教育的法规》，列出七条，分别是适用范围、受益人、津贴之给予、私立教育机构之义务、行政当局之义务、与其他津贴之不相容性、最后及过渡规定。规定于1995—1996学年第一阶段幼稚园小学预备班至小学六年共七年实施。每班首45名学生，每位津贴4800元，其后递减，至第66名不予津贴。学校可收杂费，但总金额不超过津贴总金额20%。② 这一方案公布出来，教育界表示欢迎，但这一法规，将面临以下几个问题。

1. 每班人数超过45人的学校

按法令，政府向每班首45名学生，每位津贴4800元，其后递减，至第66名不予津贴，但当时澳门的新移民多，求学人数多而学额不足，有些学校每班70—80人，在此情况下，学校一是恐怕要把多出来的学生开除，二是受惠金额因而减少，影响学校收入。对于前者，政府表示每班45人的规定只是规限新成立的学校，原有的学校不变。后者是超过45人的原班实行递减资助，学校难维持的问题。以学校来角度来看，不选入网，可能受家长埋怨，入网可能入不敷出。因学校开支主要依据收学费，目前收费每年学费3500—4000元，按常规学费达3850—4400元，而杂费多元化如督课、夏令班、校车等，一般在800—1000元之间。实际收费已达4850元，超过政府津贴。换句话说，收入减少而教职员薪资等开支上升。所以有些学校采取观望态度，未确定加入公费网络。③

---

① 《华侨报》1995年1月26日。
② 《华澳报》1995年6月28日。
③ 《澳门日报》1995年4月26日及《濠江论坛报》4月15日。

2. 不入网学校的学生津贴

推行免费教育前，政府已向私校学生发放津贴，加入公费网络的学校，当局会按法令提供资助。教委会协调员、教育暨青年司司长施绮莲，预算每位学生每年4500元资助额，相信大部分私校愿意纳入，不入的，每学生每年2200元资助不调升。有反对者认为，政府对入网学校小学生津贴4500元，不入网小学生只得学费津贴2200元（入网学校初中的教育资助是8500元，而不入网是零），没法律依据。[1] 看政府教青司1995年经费预算669520000元，其中人员薪津开支大，达到310960000元。如果说财力不足，为何不增加拨款，或减少人员津薪开支？[2]

政策推出后，1995年6月教育司与私校校长会议，解释免费教育法令草案内容，各校反应良好。澳门中华教育会刘羡冰表示接受教育法，并关注及研究如何对仍不入网学校提供援助，反对学校不入网，抗议当局未有依法提升未入网学校学生津贴。立法议员、劳校校长唐志坚称法令有利于提高下一代素质。

到1995年7月28日，首批加入公费网络学校与教青司签约，共27间。1995年8月教青司再与11间学校签署免费教育承诺书，前后两批占公共教育网络学校62%。政府拨出1亿2千5百万元专用教育款项。可是，多间重量级学校不入网，影响免费教育质量及意义。如蔡高、海星、圣若瑟、濠江、培正、培道、圣心、圣罗撒等学生人数众多的名校都不入网。单是濠江学校已有学生3千人。耶稣会属下三间学校不入网，理由是因设有中小学，小学财政补贴中学，入网会影响原有资源分配，可说是代表了一些学校的看法。[3]

入网学校的资助由最初法令的4800元，1997年增至5200

---

[1] 《澳门脉搏》1995年3月31日。
[2] 《大众报》1995年2月22日。
[3] 《华澳日报》1995年8月22日及《市民日报》8月31日。

元，1998年增至5400元。1998年未入网私校学生学费津贴仍是90年代初水平，学费津贴2200元，极不合理。澳门家长总会、友谊协进会、澳门新民协会三团体代表向澳督交请愿信，表达不满，要求处理未入网私校学生学费津贴。①

3. 入网学校的监管和数量

政府让私立学校自愿加入公费网络的方式来实行免费教育，这些私立学校的性质是不牟利的，但对于监管学校的性质和开支方面，社会上出现很多意见。1995年9月9日《市民日报》文戈专栏中提出无论入不入网，政府都有津贴，只是数量多少不同。既然有政府津贴在内，入网学校的账目当然要政府监管，就是不入网的，标榜不牟利的学校，学校账目亦应该监管。但是应由谁来监管呢？文中认为政府没规定所有不牟利学校加入公费网络，是制造社会矛盾。

12月28《澳门日报》也刊登评论文章，认为由学校自由选择入网会引发很多问题，如：（1）政府据法例监管学校财政及教学质量，但要注意如何审核。（2）学校要将学校最少70%经费用于人员薪酬上。（3）入网与不网学校教师薪酬福利不平等。文章刊登后，引发一系列社会讨论。

最受社会人士关注的是学校收费问题，一般市民以为在免费教育下，家长不用负担任何费用，可是，学费确是免了，其他各项杂费仍然偏高。当局出来解释，指家长把学校的收费项目混淆，教育厅指出学校把不属杂费的费用如督课、校服、膳食连同杂费计，政府将会出小册子向家长提供指引。② 教育厅长苏朝晖称给予每学生4800元津贴，而教青司还各学校发放更新设备津贴、维修津贴、扩校津贴等，一般学校可应付开支需要，认为入

---

① 《华澳日报》1998年1月15日。
② 《大众报》1996年10月12日。

网学校未有滥收杂费。① 此外，对入网学校经济困难学生发放1400—2800元津贴，视家庭经济而定，以解决学生应付多杂费的问题。

到了1996年6月，入网学校有39间，超过正规私校50%，受惠学生24700多人，达可受免费教育资格学生总人数5万之49%。到了7月，教青司施绮莲称七成学校入网，亦未有入网的学校退出，不过，可惜的是，接近2000学生的学校如濠江、圣若瑟、培正，仍未加入。

（三）义务教育的成效

义务免费教育推行后，虽然有人不满政府没有依照澳门《教育制度法》条款来实施，变相把澳门的学校分成五等：一等是官校，二等是官制私校，三等是入网学校，四等是不入网的不牟利私校，五等是牟利学校，造成社会不公平。② 不过，整体来说，自1995年推行七年免费教育之后，到1998年成效终于显现出来。据当时教育暨青年司副司长苏朝晖总结报告，免费教育成功的地方，包括：（1）从没有免费教育到实施十年免费教育，使全澳门86%的小学和/或设有小学预备班的学校加入了公共学校网；（2）让68%，即40519名小学预备班和六年小学教育的学生享受到免费教育；（3）使73%设有初中的学校入网，让就读于这些学校，占全澳初中学生75%的学生，即14765名学生享受免费教育。政府为扩展免费教育而增拨了财政资源，这可是澳门教育改革的成果之一。③

其他的好处如：（1）提高薪酬稳定教师队伍，如1996—

---

① 《澳门日报》1996年3月28日及《星报》1996年5月11日。
② 澳门中华育会资讯服务中心编印：《教育资讯》1996年第12期，第9页。
③ 苏朝晖：《教育改革十年回顾》，吴志良、杨允中、冯少荣主编《澳门1999》，澳门基金会出版，1999年。

1997学年入网学校教师薪酬加幅是12％，非入网学校教师加幅是7.1％。两者薪酬差距在1997—1998年，差距为881元，而四年前差距达1214元，差距收窄（1997—1998年入网学校教师平均月薪酬9667元，非入网学校教师平均月薪10548元）。（2）每班学生人数下降，由：1994—1995年幼儿班和小学每班53.4人，降至1997—1998学年每班49.4人。（3）学生流失率降低，由1993—1994年3.6％降至3.3％。①

七年免费教育进展顺利，教育界进一步提出十年免费教育的日程问题。在立法会会议，议员就实施十年免费教育及增加未入网学校学生津贴问题提出讨论，增加津贴的提议，终因资源不足遭受否决，而政府以十年免费教育涉及过渡问题，要交中葡联络小组审议，才可确定能否实施。② 十年义务免费教育终要回归后才能实行。

三　兴建新校舍

从20世纪80年代开始，澳门的人口增加，学位需求日多，直至90年代，澳门仍然面临教育空间不足的困难。教育改革初期，行政当局和社会各界已看出问题所在，定出以增加兴建校舍来解决空间不足的问题。

此外，为了配合兴建校舍，政府在教学设备和原有校舍的维修保养方面，按年向私校发放津贴，以增添教学设施和维护校舍的运作，以1998年为例，批给私校的教学设备和校舍建设津贴（包括扩校津贴），约为5000万元。

随着义务教育的推行，学位需求更多，教育界对建校的事情十分着意，可是如果没有合适的土地，兴建学校还是没法进行，

---

① 《华侨报》1998年9月24日。
② 《大众报》1996年11月21日。

所以 1992 年 5 月 6 日，教委会举行会议，当时杜岚也有出席，教委会向政府提出尽快批地的要求，希望当局年内可望批出五块土地，以供建校用。教青司表示已收到 25 份办学申请书，只要有土地，就有办学团体承办兴建学校。可是，政务司黎祖智称澳门面积小，建校土地资源缺乏，解决这一问题有困难。①

就建校的土地问题，有些较具前瞻性的团体，当时已懂得把眼光放开，不把校舍局限在澳门半岛上，而是准备在氹仔建新校舍。例如濠江中学，在举行六十周年校庆酒会，教学展览，以及前校长黄晓生铜像揭幕，天文观测室落成暨贺书贺画展时，董事会马万祺已表示有意把中学教育推广到离岛氹仔，以配合该区发展。到了 9 月政府审批了十六个社团，申请离岛六校，北区九间，新口岸一所的建议，其中包括濠江学校，政府交给该校一所曾用作中学教育的校舍。杜岚表示是一件好事。②

1992 年 9 月 11 行政教育暨青年事务政务司黎祖智宣布批地建校分二期进行，有关问题大多解决。③ 到了 10 月 28 日，教青司司长透露第二批建校名单明年公布，政府并拟加强师资培训，以配合学位增加，教师需求增多的情况。④

可是，到了 1993 年 12 月，批地建校计划迟迟未能落实，没有土地建校，学位供应不足，未能配合推行义务教育的推行。立法议员唐志坚指出学额不足情况严重，批地建校应速落实，不应由私立学校不断扩班来解决学位不足的问题。⑤ 教育暨青年司司长施绮莲谓首批十六间学校批地草则审批工作已成，政府并没有拖延批地建校的事。⑥ 可是，到了 1994 年 6 月，有报道说批地

---

① 《大众报》1992 年 5 月 7 日及《正报》1992 年 5 月 24 日。
② 《华侨报》1992 年 6 月 14 日及 9 月 24 日。
③ 《华侨报》1992 年 9 月 11 日。
④ 《澳门日报》1992 年 10 月 28 日。
⑤ 《澳门日报》1993 年 12 月 10 日。
⑥ 《华侨报》1994 年 1 月 1 日。

建校迟未落实，造成学额紧张，教育团体也无能为力。① 立法议员梁庆庭指建校工作缓慢，当局效率迟缓，早完成就可早解决学额不足的问题。② 到了7月，教育暨青年司司长施绮莲发表声明，称首批建学计划进展顺利，澳门大学教育学院附属学校已批地，濠江中学氹仔校址10月前交工务司，政府已加紧跟进规划批地建校的事宜。到了1995年，建校事情出现新的难题，就是教育部门口头通知教育团体装修自理，可是，建校规划是由政府规定，团体要找寻资金来解决建校装修问题，所需不菲。③ 整体来说，以建校来增加学额的计划，在90年代，进展十分缓慢，而杜岚就有前瞻性，看到日后氹仔的教育发展需要，在氹仔兴办学校。

行政当局在1993年正式宣布有系统地批地建校计划，当时预计1993—1995年为第一期，建校16所；1996—1998年为第二期，建校10所。整体工程来说，除了第一期批地建校有少许延误，至1996年初才完成最后一个校舍的开幕礼以外，均能按计划依期完成共26所新校，增加了18000个学额。1999年开始为第三期批地建校制订计划，其中部分校舍经已落成，第三期计划亦会兴建十所新校。

四 人力资源方面

人力资源指包括校长、行政领导、教学人员三方面。（1）校长：在私立教育机构通则内已列明校长和其他教学和行政领导的资格。校长必须具备高等学历或其他从事教学的适当资格，并且其资格不可低于该学校最高教学程度所要求之教学资格。校长

---

① 《华侨报》1994年6月20日。
② 《澳门日报》1994年7月6日。
③ 《华侨日报》1995年2月11日。

应以全职制度担任其职务；教学领导须具备教育学的高等课程学历或其他适当教学专业资格。（2）行政领导的规定：应为教师或具有同等学力或至少高中毕业，且具有会计知识的工作人员担任。（3）根据教学人员通则，从事学前教育和小学教育的教学人员必须具有相应的教师教育文凭，从事中学教育的教学人员应为师范大学或其他相应的高等教育程度。对学校的人力资源作出明确的规范，受到办学团体的欢迎，认为规定中小学校长资格，有助于提升教育质素。不过，为了减轻现任校长的压力，办学团体主张承认现任校长资历及东亚大学成立教育行政课程培训接班人。①

随着教学环境的改善，配合教师培训法令的颁布，教师的需求增加。全澳教师由 1987/1988 学年的 2400 名，增加至 1996/1997 学年的约 3600 名，持有学前和小学师范文凭的教师由 1987/1988 学年的 33%，增加至 1996/1997 学年持有学前师范文凭的 87% 和小学教育的 82%。而中学方面，合资格的教师由 84% 增加至 90%（表 5-2）。

表 5-2　　　　1987—1997 年教师持有教育文凭数

教育阶段	全澳教师人数（名）	持有学前师范文凭比例	持有小学师范文凭比例	中学合资格教师比例
1987/1988	2400	33%	33%	84%
1996/1997	3600	87%	82%	90%

可是，教师培训一时仍未能赶上学校的需求。一些学校就主张从外地招聘。例如：濠江中学聘请内地教师，校方表示效果满意，当时有一名英语教师，以劳工形式聘用，来自广州华南师范大学附中，具 30 多年教学经验，仅花数星期了解学生要求和水

---

① 《澳门日报》1990 年 3 月 15 日。

平，便可用适当方法任教。对于这些成功的例子，校方希望能在内地多聘8—10名教师，以应付教师不足的情况。①

教师不足的情况，以英文科的情况最为严重。学校为了解决本地英文科师资缺乏的情况，转而聘用外籍教师，可是外籍教师的水平参差。有时因师资太缺乏，被迫聘用菲律宾、缅甸籍教师来应付上课需要。有些学校虽聘有6—7位外籍教师，可是服务一年后，因移民或教学质素不理想而裁减一半，所以办学团体认为应多加强本地培训。② 又如圣罗撒女子中学英文部幼稚园和小学，便是因本地的英文教师不足，在1996年改为以中文教学为主。③

教青司司长施绮莲认为学校输入内地教师主要的原因有二，一是因为澳门只有小学教师培训，二是因为中学教师流失严重，表示正计划培训中学教师。④ 据教青司私立教师辅助处统计，1989年近200名教师流失。过去4年新入行教师有1100多人。1985年度私立教师1800多人，1989年度增加至2100多人。⑤

对于输入外地教师，有些团体提出异议。大专毕业人士（澳门）协会主席汪长南指出，本澳以合约劳工形式输入教师，有损教师尊严，损害本地教育人士利益。他并不反对输入，只是反对以合约劳工形式的输入。⑥

20世纪90年代开始，由于教师的待遇提高，培训人员的数量又增加，教师队伍显得较为稳定。在收入方面，私校教师的工资在过去一段时间年内有理想的升幅，杨惠萍于1989年进行的教师问卷调查的结果显示，当时月薪超5000元的教师仅占4.5%，月薪3500元以下的占70.1%，近年不包括行政当局向教师发放的直

---

① 《华侨日报》1990年9月4日。
② 《澳门日报》1990年10月9日。
③ 《大众报》1991年3月5日。
④ 《华侨日报》1990年9月20日。
⑤ 《大众日报》1990年8月23日。
⑥ 《星报》及《澳门日报》1990年9月14日。

接津贴，教师平均月收入已增加至万余元，是全澳高薪行业之一，是各行业收入中位数的一倍，再者教学人员还可免缴职业税。

　　政府自1984年开始发教师直接津贴，但教师仍然流失，教育工作者协会认为按学历定教师职程和最低薪酬（中学每人每月葡币500元，凡教满5年、10年，增加50元、100元年资）才可解决师资流失的问题。1978年，澳门政府开始津贴不牟利私校。到1993—1994年预计发放教师津贴3950万。政府津贴分为直接津贴及年资津贴二部分。① 教委会小组讨论《教师章程》文本，就教师入职资格及基本起薪点达成共识。最低薪金5600元，幼师及小学教师必须接受二年以上职业培训课程，中学教师必要有大专以上或相等的学历。澳门每名教师津贴，每月700—1800元不等。② 教师待遇日渐提高（表5-3、表5-4）。

表5-3　　　　　　　　　1985—1986 教师津贴

1985—1986 年度	中学教师有师范学历	中学教师无师范学历	小学教师有学历	小学教师无学历
每月津贴（元）	600	500	500	400

1985—1986 年度	教学10年以上	教学20年以上
年资奖金每月（元）	50	100

表5-4　　　　　　　　　1999—2000 年教师津贴

1999—2000 年度	中学教师具高等学历及师范	中学教师具高等学历没有师范	中学教师不具高等学历	小学教师具学前及小学师范	小学教师没有师范学历
每月津贴（元）	1980	1584	990	1320	792

1999—2000 年度	教学5—9年	10—14年	15—19年	20—24年	25年或以上
年资奖金每月（元）	70	140	210	280	420

---

① 《澳门日报》1994年3月20日。
② 《星报》、《华侨日报》1995年3月28日，《华侨报》1995年8月21日。

五 学额不足

澳门学额不足的问题自 20 世纪 80 年代开始,由于政府没有积极面对,没有着意解决问题,到了 90 年代,情况更为严重。

造成学额不足的原因主要有二,一是本地出生人口增加,另一是大量人口移入,而政府没有注意其中适龄学童的学位问题,私立学校一下子未能应付学位需求,造成儿童失学。

人口增长方面,据 1991 年 1 月 7 日《澳门日报》夏耘所载:1978 年澳门人口为 248600 人,其中包括新生婴儿 64000 人,内地移民 13 万多,获临时证 3 万人。

1990 年 6 月,教青司曾对学额作出估计,估计(1990—1995)学生人数达 97029 人,比现有增 38.61%,幼稚园 28430 人,中学 18158 人,小学 50441 人。[1] 据《澳门日报》1991 年 9 月 23 日调查公布,全澳在学学生 71034 人,澳门社会 3—18 岁青少年儿童有 112003 人,换言之,大约有 3 万多儿童没有学额入学(表 5 - 5)。

表 5 - 5　　　1985—1990 年私校学生人数及政府开支

	1985	1986	1987	1988	1989	1990	未来 5 年
不牟利私校学生(人)	58600	62400	66000	63000	65000	69200	97000
政府财政公共支出(亿元)	24	21	23	28	34		
教育文化司(亿元)	0.8400	1	1.3	1.7	2.2	4	
私校津贴(亿元)		0.17	0.30	0.34	0.55	0.79	

1990 年 10 月《澳门日报》报道统计暨普查司统计资料,私校占全澳学生总数 97%。[2]

---

[1] 《澳门日报》1990 年 6 月 25 日。
[2] 《教育资讯》1990 年第 11 期,第 2 页。

1990年4月,教育暨社会事务政务司高伟道表示尽量协助新校扩建校舍,解决未来5年需求3万学额的问题。《澳门日报》在6月对此亦作出回应,指私立学校占全澳学校八成,解决学额不足,应支持增建校舍,但学校八成在澳门半岛,土地资源少。据统计普查司资料,1988—1989年度,教授正规教育学校87.4%在澳门,7.4%在氹仔,5.2%在路环。非官制私立学校占81%,官立占15.8%。私立官制学校占3.2%。① 由于在澳门半岛人口密集,要调动土地来办学十分困难。到了1991年5月,政府又再次表示关注本澳学额不足,考虑让私校多扩展地方,鼓励多办学,以增学额。

在政府的鼓励下,私立学校协助解决学额不足的问题,多收学生。到了1992年,全澳本学年在学学生79355人,其中中文学校65901人,占83%;英文学校7171人,占9%;葡文学校3297人,占4.2%;中葡学校2986人,占3.8%。比1990—1991年增加4171人(表5-6)。②

表5-6　　　　　1992年私立及官立学生人数

私立学校(中文、中英文和葡文)	官立学校(葡文、中葡)
74180人	5175人
93%	7%

表5-7　　　　1984—1988年出生人口与幼稚园统计

相应入学出生人口统计	年度	幼儿班总人数	幼稚园总人数
1984年6666人	1987/1988	4750	16747
1985年7560人	1988/1989	5180	18698
1986年7477人	1989/1990	5975	20074
1987年7565人	1990/1991	不详	20986
1988年7913人	1991/1992	不详	21475

---

① 《正报》1990年6月29日。
② 《澳门日报》1992年3月4日。

不过，学额供应仍然不足，以幼稚园为例（表5-7）。由于学额不足，尤其北区学额问题严重，曾有一托儿所招生，引致二百多家长轮候，百人通宵排队。并有家长为求学位贿赂学校，教青司要进行调查。①

整体来说，在1991—1992学年，各级学校除高等教育注册学生人数79355人，其中0人为小学生。澳门人口45万，95%以上华人，3—5岁儿童就学率78.3%，6—11岁就学率98.5%，12—17岁55.6%，可见学额不足的严重性。②

为了增加学额，学校都想尽办法，例如圣若瑟教区中学及永华学校将在1990/1991学年开设幼稚园上下午班。教育司司长施绮莲称此法是暂时解决。③

濠江中学亦大力配合增加学额的要求，曾在初一推行上下午班。不过，由于教育界认为上下午班的教育效果不佳，濠江学校表示是属于过渡性质，新教学大楼建成将恢复全日制，施行上下午班时会删减课时来配合上下午的上课时间，但只仅限术科，如体育、音乐等，对主要学科学习没有影响。

1990年9月29日濠江小学新校舍落成，濠江中学校董会董事马万祺介绍新校校舍规模，濠江中学面对澳门进入过渡期坚持一贯的办学宗旨，为社会培养人才，得到教育司和东方基金会大力支持，拨款继中学部扩建二座教学大楼落成启用后，又将小学部拆卸重建，建成这座楼高8层，有50多个教室、大礼堂、活动场和饭堂、宿舍等设施的新校舍。当时小学有23个班，1459名学生，幼稚园有939名学生。④

到了1995年，因为建校批地问题多多，学额不足情况仍然未能解决。1995年6月9日正报刊登崔世安读者来信，中学学

---

① 《澳门日报》1992年3月16日。
② 《华侨日报》1992年5月30日。
③ 《澳门日报》1990年4月23日。
④ 《澳门日报》1990年9月29日。

额不足，初中一年级全澳缺一千多个，希望政府重视，其言论可以作为代表。[①] 社会大众及政府认为当时青少年犯罪日趋严重，与学额不足及教育措施有关。例如，1995年1月27日青年梁北灵与一群少年碰撞，遭围殴致死，其中九名少年为13—15岁，另一名为16岁；11月7日女大学生何潞姬惨遭肢解，涉案者13—15岁。整体罪案增加，卖淫吸毒结帮凶杀案上升。[②] 到了20世纪90年代后期，新建及扩校成功，学额增加，问题才得以解决。

六 课程与教科书

澳门教育的条件与邻近地方并不完全不同，本身具有地区的特殊性，暂时仍然保持着学制多样化，办学各自为政的情形。以中学历史教学来说，在课程与教学上，一方面受着内地及香港的影响，另一方面受本地历史文化影响，从而建立起自己的教学系统。在教科书的使用上，澳门地区并不存在统一的教科书选用制度，从教育制度法律来说，学校拥有教与学的自主权，有教科书选用权。

1987年，中葡联合声明签署以后，由于规定政权在1999年移交，澳葡政府有责任为日后的特区政府提供治澳人才，这才开始对澳门的教育积极关注，而澳门的教育界亦寄望在政府的支持下，无论质与量，教育事业都可以有较大的进步。

在这种情况下，规范澳门教育制度的一份建议案《教育制度纲要》，便在1990年3月推出咨询，收集市民意见。文件的内容分十章，包括：范围原则、教育制度的组织、教育辅助与补充、人力资源、物质资源、教育机构、教育投资、教育制度的管

---

① 《正报》1995年6月9日。
② 《华侨报》1995年1月13日。

理、教育制度的发展和评核、末则和过渡条文。

当时,澳门中华教育会对这份文件提出五项意见,包括:学制宜多元化、义务教育尽早推行、幼儿教育的目标应跟其他各级一致、教育决策要民主化等,而其中有关教材方面,教育会针对当时澳门缺乏本地编制的教科书的情况,提出日后需要增加本地教材,特别是历史、地理、公民科,使学生了解澳门本地的历史发展及独特情况。

经过广泛的讨论,多番修订文件内容后,立法会于1991年7月通过《澳门教育制度》法律第11/91/M全文。[1] 而其中关于教材方面,议员认为澳门应有本地出版的教材,特别是历史、地理、社会等科的本地教材,应由澳门教育部门来编制。澳门教育界人士亦赞同,多认为法令颁布后,应有本地出版的教科书,而当时有出版社表示,小学社会科的教科书内容较易处理,可以加入与澳门相关的题材,根据澳门教学需要来编写。[2]

为了推动本土史地科的教学,除了推动教科书编写外,还须加强师资培训。当时,澳门教育司在暑期增设了"地理科小学教师暑期进修班"及"历史科小学教师暑期进修班",方便教师进修。

编写教材前,必要有教学大纲来做依据和规范。1991年《澳门教育制度》颁布后,澳葡政府先后设立了不同科目的课程发展委员会。委员会成员包括公立和私立学校的教师,以及澳门大学的专家,并参照内地、台湾和香港的模式,起草不同科目的试行教学大纲,并在1995—1996学年开始在中葡中学试行,以观察成效。由于香港的教育发展较澳门进步,加上两地居民背景相若,资料搜集容易,所以课程的大纲内容多以香港课程为参考对象。

---

[1] 《澳门日报》1991年7月26日。
[2] 中华教育会编制:《教育资讯》1991年第6期,第8页。

1994年12月，教青司与全澳私校召开会议，解释课程设置细则，设立了一个课程设置筹划小组，下设多个小组，研究为幼小及初中各学科的编制课程，计划先在官校内施行，并为私校提供参考。到了1995年，学前教育以至初中各级的教学大纲经已在官立中文学校试行，部分大纲在试行后作出修订。这时，教育暨青年司内部成立了课程改革小组，负责制订澳门各科的教学大纲，并向私立学校推广已修订好的教学大纲。

教育界最初设想，《澳门教育制度》颁布后，本地教科书便会很快编印出来。可是，从1991年《澳门教育制度》颁布开始，到了1996年仍然未能实现这一目标。1996年，立法会在5月的会议上谈论如何编印本地教科书时，有议员指出：（1）澳门现行的历史教科书多是香港出版，没有本澳历史的教学内容、而香港编印的历史教科书，在近现代史方面有缺陷，对中国历史缺乏全面了解。（2）澳门回归在即，有需要编印本土历史教科书，编写要实事求是，特别是有关中葡冲突，以及葡人在本澳的历史。（3）实施统一历史教材前要广泛咨询。

早在1995年，有报道说供澳门中学生使用的《澳门基本法课本》即将面世，并预计于1995—1996年度供各中学校使用，濠江学校校长杜岚是顾问之一。到1996年，也有报道说澳门本地编印的史地教科书，争取明年出版使用，内容根据中西文化交汇特点撰写。政府并着手研究由幼稚园至中学九年之教科书。[①] 可是消息并没有得到真正落实。

当时，有教育工作者对澳门自行编印史地教科书不表乐观，理由是：（1）澳门人口有限，每个学级仅有数千名学生，经济上难以独立出版本地教科书。（2）澳门是个小地方，学生应学好中国史地，兼学澳门史地知识，不能无限夸大。虽然部分本地教材已在中葡学校一至七年级试行，但学生只大概三千多人，全

[①] 《澳门日报》1995年8月14日及《大众报》1996年3月22日。

澳共有学生八万多名，所以政府编撰的本地教科书，覆盖面比例还相当小，内容不一定适合其他学校使用。①

不过，各界仍对本地编印史地教科书充满希望，1996年6月，新华社澳门分社副社长宗光耀指出，应使年青一代认识澳门的过去。政府拟编写历史教科书。《现代澳门报》的如风专栏指出，编纂澳门历史教科书不愁没资料，最重要的是忠于历史，力求不偏不倚。②

以历史科来说，到1999年6月，负责教育事务的教青局公布制定的《初中历史大纲》《高中中国历史大纲》及《高中世界历史大纲》。实施时，澳葡政府在说服私立学校采用这套大纲时却碰到很大的现实困难。一般学校，在初中时期，还可依据这个大纲来安排教学，但到了高中阶段，各校为了学生升读高等院校的需要，教学内容便因应目标地区院校的要求加以调整，发展出以学校为本的课程，不能完全依照教青局公布制定的历史大纲施行教学。政府方面亦了解问题的存在，明白不容易解决。所以《高中中国历史大纲》的序言内也列明"由于澳门学校的特殊环境，各校课本不一，故在课程计划编排上，可以有较大的弹性。执行本大纲时，可按各校实际情形加以调整"。在大纲的内容方面，可以看到香港的影响所在。最明显的，如在《高中中国历史大纲》的附录，附有参考资料，其中列出的四个参考资料中，三个是香港出版的教科书，包括：周佳荣、屈启秋、刘福注编著，香港教育图书公司出版的《中国历史》，现代教育出版的《中国历史》，龄记出版的《简明中国史》。虽然该大纲是试行版，从这点也可见香港的影响。

各科大纲颁布后，专责小组着手编著一些属于空白的教材如澳门历史、澳门地理、公民教育，编著后试行。关于历史教材，

---

① 《大众报》1996年5月29日。
② 《现代澳门报》1996年6月2日。

1998年，澳门大学实验教材编写组霍启昌、苏庆彬、郑德华编写，澳门教育暨青年司资助出版了《澳门历史实验教材》第一册，教材共32页，内容分九章，包括：史前的澳门、葡萄牙人来华前的澳门、抵华前的葡萄牙人、葡萄牙人抵华前的中国航海事业、明代对外贸易政策、葡萄牙人来华、倭寇之患与葡萄牙人问题、选择濠镜的原因及澳门模式——特殊的外贸政策。可是，这部教材的使用率不高，未能成为本地史的教科书。到了2001年，教青局虽推出中文、数学、历史、音乐等课程大纲，但仍然是没有课本等教材配合，要由教师自行裁剪教材。①

濠江学校在教科书的应用方面亦十分灵活，配合时代变化。杜岚校长亦同意教育界的一些看法，认为澳门回归后，私校所用教科书不存在殖民地色彩，因多采用内地及香教科书，而香港在回归后已删改书中的殖民地色彩，也可让学校安心使用。

此外，濠江中学现用的公民教材，是按学生程度，参考中国香港、新加坡等地公民教材自行编写。学校自编教材推行公民教育，学校课程编排是照政府颁布的"教育大纲"进行编写，再据学校的需要作补充修订。濠江中学向来重视公民教育，名誉校长杜岚曾说：教育不单灌输知识，还要养成学生良好习惯，帮助学生建立正确的道德和社会观念。濠江还注重学生的民族性。杜岚说，爱国教育是该校的办学方针，可使青少年在求学时期对祖国充满感情，培养国家民族观念。濠江学校致力于教育改革，提高教学质量及教学手段，使学生更易掌握知识，培养创新精神和积极性，又实施多媒体教学加强效果，进行了成功的改革。

政府编印的历史教科书，要到2006年才编制出版出来。由刘月莲、张廷茂、黄晓风编写的《澳门历史——初中补充教材》，在2006年由教育暨青年局出版。全书共128页，内分六章，范围包括澳门古今历史，图文并茂。内容有：葡萄牙人租居

---

① 《澳门日报》2001年2月2日。

澳门、澳门港与海上丝绸之路、明清政府对澳门的管辖、20世纪澳门社会的进步、澳门历史文化名人、澳门回归祖国。不过，《澳门历史——初中补充教材》的出现，受到学者猛烈批评，指出书中问题多多，包括（1）内容零散，忽略重大事件；（2）教材讹错太多；（3）缺乏教学指引。[①] 政府未能把该书推广，整个编制计划暂时搁置。

---

① 《澳门日报》2007年5月29日。

第六章

杜岚的教育思想

杜岚的教育思想,可以从她投身在濠江中学,由教师到接任校长,带领全校发展的整个过程来分析。主要的思想内容,大致可归纳出下列各项。

一 重视爱国教育

杜岚校长在1992年濠江中学六十周年校庆特刊中,明确提出"爱国爱校"的理念。她对自己推行的爱国主义教育感到满意,认为对社会、对学生都有很大的裨益,具有正面的作用。她归纳自己推行的爱国教育,意义是"促进了学生思想觉悟的提高,激发了学生的民族感,懂得'振兴中华,匹夫有责'"。①

爱国教育,是杜岚教育思想的核心,也是她的思想中最重要的部分。推行方面,杜岚不单只是诉诸言论,而且是身体力行,从具体行动来落实,建立爱国的环境,让学生通过切身体会和感受,从而达到教育的效果。最为人乐道的,是在1949年升起澳门第一面五星红旗,具体显示出爱国教育的方向。

她的爱国教育行动,早在抗日战争爆发时已经开始,而且不惧困难,贯彻始终。抗战爆发时,杜岚广泛地宣传群众、教育群

---

① 杜岚:《回顾与展望》,《濠江中学六十周年校庆特刊》,1992年,第4页。

众、动员群众，同时还组织了妇女互助社。杜岚和濠江中学的女教师积极参加各种活动，学校顿时腾起了抗日的烈焰。接着，各种抗战团体，如结社、读书会等救亡团体，也像雨后春笋般出现。杜岚夫妇率领教师认真研读毛泽东的名著《论持久战》，分析抗战的最后胜利一定属于中国的有利条件，加强群众团结抗战必胜的信心，并驳斥汉奸汪精卫所散播的"抗战必亡论"。在杜岚的带动和引领下，全校教师通过学习提高认识，都能自觉地在教学中突出抗战教育，决心为长期抗战救国服务。杜岚和老师们，每天都向学生讲述重要新闻，经常分析抗战的发展形势，用《论持久战》的精辟论据作为讲课内容。每到"七七"、"八一三"、"九一八"、"一二八"等纪念日，老师都用报告形式集会纪念，使学生牢牢地树立不忘国难，抗战到底的信念。他们还自己动手绘制图片和剪贴报刊的重要文章，装订成册，经常补充更新，供同学们阅读，引导大家关心时事，重视抗战形势发展的新情况、新问题。她还经常带领学生四处宣传，由澳门中学所组织的歌咏队、演剧队，引发群众的爱国热情，把澳门的抗日救亡活动，导向蓬勃发展。濠江中学成为中山县抗日救亡工作的联络点，为革命做过大量工作。①

抗战结束，内战爆发。杜校长为了国家的前途，为了支持新中国的建立，也做出相应的行动。1949年，她在学校举办了多期的"青年培训班"。该班吸收了一批又一批的爱国青年参加学习，系统地向他们讲授《新民主主义论》、群众运动常识和国内外形势、纪律教育等课程，培养他们为骨干力量，输送回内地，迎接解放工作的需要。这是她在教育工作之外对国家的贡献。她以不屈不挠的意

---

① 杨荫清：《澳门濠江中学校长杜岚》，《中山妇女名人选录》，《中山文史》总第22辑。引自黄洁琳编《六十春秋苦耕耘——澳门濠江中学杜岚校长专集》，1995年，第146—149页。

志，坚守爱国教育的岗位，坚定地推行爱国教育。①

杜岚对国家社会的贡献，推行爱国教育的成果，获得澳门社会各界的肯定和赞赏，例如：何贤先生曾在1982年濠江中学五十周年校庆大会上讲："学校经历过风风雨雨、几许艰辛的三十年代，也经历过澳门社会动荡、经济萧条、民生困苦的四十年代。当时学校处境恶劣，幸好校董与师生员工风雨同舟，上下一心，甘苦与共，奋斗求存而渡过难关。新中国成立后，学校踏入顺境，开展新的发展时期。"马万祺先生在1992年濠江中学六十周年校庆大会上，阐述了学校发展的历程："濠江中学在澳门建立了六十年，一向奉行爱国主义教育，学校的规模从小到大，为澳门、为祖国培育了大量人才，经已有千万名学生在濠江中学哺育下成长起来。"正面评价杜岚的爱国主义教育。②

她对爱国教育有自己的独特见解，她认为一般人所讲的爱国是狭隘的、错误的。她从较为广阔和更高的层次来看这方面的问题。她说："今天我们所提倡的爱国主义教育是现实的，是国际的，是正确的。我们要使大家认识今天的人民祖国才是自己的国家，才是可爱的，才是有前途的，从而推动大家去拥护它——目前我们教育工作者面临的任务，是如何发动广大中间落后群众拥护新课本，接受新教育。"③

杜岚对教育政策的看法，也是从爱国思想观念，站爱国爱澳的立场出发。例如她主张学校应设立公民教育，指出澳门推行公民教育，要响应国家号召，为澳门培养合适的治澳人才，使青少年及儿童得到适当的发展，成为"爱祖国、爱澳门、有理想、有

---

① 黄洁琳：《六十春秋苦耕耘——澳门濠江中学杜岚校长》，黄洁琳编《六十春秋苦耕耘——澳门濠江中学杜岚校长专集》，第20页。
② 同上书，第27页。
③ 杜岚：《发展福利事业，推广爱国主义教育》，《澳门教育工作者庆祝中华人民共和国国庆特刊》，1951年10月1日。

道德、有文化、守纪律的公民"。① 又例如她对中学学制的看法，她支持中学"三三"制的原因，除了考虑学生全面发展及学习时间外，也为解决学生到内地升学，衔接内地学制的问题。②

二　教书育人

回顾濠江中学的发展，杜岚概括自己的办学方针，其中一项便是教书育人。她认为教书育人的精神是任何一个历史时期都应该具备的，教师应该以这种精神来培养学生。她提出教师有两种人格，一是"经师"，二是"人师"，两者也要具备。教师要成为一个模范人物，即是教书又教人。③ 因此，学校要求每一位班主任严格遵守家庭访问制度，坚持普访与重点访问结合。通过班主任的工作，以理教人，及时挽救了不少误入歧途的青少年。

此外，她在学校开设的学科，推行的教育政策，也是从这个角度出发和考虑。最明显的，如普通话教学。推行普通话教学，是杜岚在教改中坚持不懈的一项工作。从1985年开始，濠江中学便实行用普通话讲授中国语文课。其他课程，如老师有条件的也用普通话讲授。初时，由于语言的不习惯，曾引起部分老师和家长的反对。杜岚耐心地向全校师生反复说明，指出学习普通话对回内地升学以及与各地广泛交流，有莫大的重要性。对国家社会而言，推广普通话，可以使全国人民消除语言上的障碍，对促进文教、科技事业的发展和祖国的统一、人民的团结、社会的进步，都大有好处。对学生而言，如果同学能听、能讲普通话，毕

---

① 杜岚：《浅谈澳门教育问题》，黄洁琳编《六十春秋苦耕耘——澳门濠江中学杜岚校长专集》，第108页。
② 微之（杜岚）：《中学学制应该改革，恢复三三制好处多》，《澳门日报》1968年3月30日。
③ 杜岚：《澳门教育的历史》，黄洁琳编《六十春秋苦耕耘——澳门濠江中学杜岚校长专集》，第102页。

业后回内地升学或是工作，就方便多了。她又邀请了在内地深造的校友回校细说感受，正反对比，效果很好。

她还聘请了一批内地教师来校，加强普通话授课的教学力量。经过一段时间，全校师生统一了认识，实行用普通话讲授语文课。经过多年的坚持，事实证明，濠江中学的学生懂得普通话，回内地读大学的，上第一堂课就能接纳老师的讲课内容，接受新的知识，比其他港澳学生容易适应。在校学生的中文写作水准也普遍提高，参加全澳学生的征文、普通话朗诵比赛，每年都取得优异成绩。

教书育人的成效，不只局限在学校内，也可以用来解决社会问题。杜岚对澳门社会面临的问题，提出过一些前瞻性的意见。一是在澳门教育发展的隐忧方面：杜岚指出西方的思想意识和生活方式对传统的道德观念和生活习惯已经开始冲击，加上科技发展，儿童心理及生理的早熟，使儿童和家长教师之间产生"代沟"。如何解决这个问题，成为家长教师急切面对的事情。杜岚认为只要落实教书育人的观念，教师关心学生的思想意识，生活习惯等，使青年人不单有文化知识，更要有高尚的情操，问题便可解决。[1] 二是澳门回归中国之后，需要大量治澳的人才，杜岚认为做教师的，要负起培养人才的历史使命，做学生的，要认清时代，认清自己责任，不要糊糊涂涂混过时光，影响前途。希望老师能提升工作品质，学生提高学习成绩。[2]

经过多年工作，濠江中学培育出很多的人才。在 1992 年评选校友精英时，杜岚喜盈于色，滔滔不绝地讲述当选的 75 位精英。他们有在澳门、香港担任要职，热心社会工作的；有在尖端科学技术方面有所发明创造的；有在农工商、金融、经济和文化领域

---

[1] 杜岚：《澳门教育的历史》，黄洁琳编《六十春秋苦耕耘——澳门濠江中学杜岚校长专集》，第 105 页。

[2] 杜岚：《谈谈中葡会谈协议草签》，黄洁琳编《六十春秋苦耕耘——澳门濠江中学杜岚校长专集》，第 127 页。

中贡献卓著的;有在沃土上生根、发芽、结硕果的;有在太空追寻宇航新奇迹的;有治病救人的;有一生辛勤教育培养新一代的;有传播日新月异讯息的;有在文化体育工作上激励人们奋发向前的。她说:"评选校友精英,给濠江全体师生树立了学习榜样,鼓励大家奋发向前,对人类、对祖国、对社会作更大的贡献。同时,也是对濠江中学的教育工作成果,给予公正的评价和严峻的考验。今后要继续评选,树立更多的先进榜样,使濠江精神永远发扬光大。"她强调教书是为了育人,没有爱心、苦心、耐心和良好品德,不能算是一个成功的教师。而濠江师生称这位老校长是"亦师、亦母、亦友",[1] 可见教书育人办学方针的成功。

三　重视妇女教育

杜岚出生在陕北地区的农村,民国时期,风气仍然保守落后。她的农民父亲重男轻女,母亲因为诞下杜岚,未能传宗接代,终日愁眉不展。杜岚对传统的"养儿防老"、"男尊女卑"等传统观念不以为然,亦不顾家庭的反对,把裹脚布丢掉,"解放"自己的脚。[2] 这些经历,使她特别关注中国妇女的权益。

1937年年底,杜岚在濠江中学任教时,兼办了免费女工识字夜校,就读的学生以纺织女工为主,同时还组织了妇女互助社,又领导濠江中学的女教师积极参加各种活动。

20世纪30年代,澳门的教育文化事业较为落后,濠江中学因为开设体育课和附设第一所女工夜校也遭到非议。[3] 不过,杜

---

[1]　黄洁琳编:《六十春秋苦耕耘——澳门濠江中学杜岚校长专集》,第35、36、42页。

[2]　高万泉:《从黄土高坡走来的教育家》,陕西省榆林师范学校《师范群英光耀中华》第10卷。黄洁琳编《六十春秋苦耕耘——澳门濠江中学杜岚校长专集》,第153页。

[3]　《杜岚——与世界名人比肩的奇女子》,《中华英才》1995年第3期。黄洁琳编《六十春秋苦耕耘——澳门濠江中学杜岚校长专集》,第166页。

岚并没有退缩，继续在能力范围内争取妇女的权益。1950年，中国新婚姻法诞生，其中第一章第一条已经明确规定"男女权利平等"，基本精神是废除男尊女卑，漠视女子利益的封建婚姻制度，实行男女婚姻自由，一夫一妻。杜岚在澳门家庭妇女会议上向澳门社会介绍。为了推动妇女文化，提高妇女的知识水准，杜岚又鼓励妇女多读报，从中吸收知识，增加对国家社会的认识，使头脑清醒，眼光远大。①

四 重视教学专业

（一）建立强大的队伍，充实教学力量

杜岚深信：教学要靠老师，只有素质高的教师才有办法教好学生。她对于澳门师资问题十分关注，她在1985年讲到澳门教育改革时，已说出澳门的师资不足，缺乏本地正规的培养的场所。她回顾澳门教育的历史，概括20世纪30年代至80年代的发展过程，其中一个必须解决的问题就是师资不足。她在东亚大学教育研究会上发言，谈到澳门面对的教育问题，当务之急，便是要提高师资素质。②

她注意到这问题的同时，已试行着手解决，使濠江中学赶上时代的需要。她从多方面，采用有力的举措建立强大的教学队伍。一方面向中国聘请具有高深资历和富有教学经验的教师来任教，请国家教委推荐，请华南师范大学和华东师范大学支持协助聘请高水准有资历的教师。通过各种区道，力求学校拥有一批专业水准较高的教师队伍，加强教学力量。

她非常重视澳门本地的师资培训工作，所以，除了支持东亚

---

① 徽之（杜岚）：《庆祝三八节 妇女要读好报》，《新园地》1952年3月10日。
② 黄洁琳编：《六十春秋苦耕耘——澳门濠江中学杜岚校长专集》，第102、108、111页。

大学和圣约瑟学校开设师训班外,还推动华南师范大学和澳门教育文化司、中华教育会合办澳门教师的函授教育,又要求政府开办假日或晚间在职教育进修课程,并鼓励各校的行政人员和教师参加进修学习,让未经师范教育的教师得到提高专业水准和教学水准的机会,使中学部的教师全部达到大专或以上水准。

杜岚了解到团结教师,推动福利文教事业,对教师队伍稳定有很大的作用,所以她早在1958年在中华教育会会务做报告时,已提出向这个方向发展。[①] 这个观点下,她团结教师,为教育工作者向政府争取合理的待遇,认为要教育改革成功,培养本地治澳人才,不先解决教师地位低,待遇微薄的不合理现象,是不会成功的。要求政府大幅度提高教师的直接津贴的薪酬支助,缩短官、私立学校教师的薪酬差距。在校内,她非常关心学校教职员工的生活福利问题,如依靠校董事会董事们帮助住房有困难的教师争取优惠价格购置宿舍,使他们能在较好的居住环境中进行备课、科研等教学活动。同时,学校也根据社会经济发展情况,给全校教职员工合理地增加工资和生活补贴费。这样,既解决了教师在生活上的实际需要,又能稳定教学队伍,并使之日益巩固壮大。

(二) 四处学习取经,吸取养分

杜岚虽是教育前辈,但从不满足已有的成绩,时刻琢磨着如何能紧跟时代步伐,不停滞地向前发展。她曾随澳门教育司组织的参观团去葡国、日本和北京、上海等地参观访问。她还有计划地组织濠江中学的行政领导和老师往外地参观学习,她不畏长途跋涉,先后率队前往广州、深圳、中山、上海、西安、兰州等地学校参观。她认真听取各方的经验,对比自己,补充养分。不论到哪里,从不放松学习。她说:"别人的经验也是经过千锤百炼,通过理论和实践相结合,不断提高总结出来的。参观学习是

---

① 杜岚:《中华教育会第三十届理事会会务报告》,1958年1月30日。

取经的好机会,一定要有所得,也一定能够有所得,绝不能徒劳而一无所得。"例如:1992年10月,国家教委、港澳台办公室邀请澳门教育司司长带领澳门中学校长,出发访问北京、上海高校和中、小学。她利用笔记本采撷宝贵经验,写下笔记,并画线加号地让自己留神作重点参考,可见她的重视学习,重视专业发展的精神。

(三)锐意教学改革

她在教学改革上,从实际出发,认真钻研,力求提高教学品质、优化教学环境、解脱学生肩上沉重的书包和课室的束缚。她着力组织各种教学力量,对原教科书中的内容,认真研究进行精选、删补或改写,并大力推动全校各班、各科组积极开展第二课堂活动,拓广学生的知识面,提高学习自觉性,促进德、智、体、美、劳的全面发展。

杜岚校长在加强直观教学和实验教学,使电化教学进入课室方面,更是不遗余力。从20世纪70年代末期起,把濠江中学现代化教学设备,逐步向前推进,受到内地和邻近地区教育界同仁赞扬。广东中山大学领导人员来校参观后,表示他们的大学当时还没有这样完善的设备。

五 教育为劳苦同胞服务

杜岚在1990年回到离开多年的榆林师范母校,借着向母校的汇报,说出自己多年来的体会和行事和办学原则,提出教学要坚持面对中下阶层的子女,教育要为劳苦同胞服务,争取家长和广大群众的支持和信赖。[①] 她在濠江中学六十周年校庆,在特刊

---

① 杜岚:《向榆林师范母校汇报》,1990年11月26日。黄洁琳编《六十春秋苦耕耘——澳门濠江中学杜岚校长专集》,第130页。

中回顾多年的教育生涯时,同样强调办学方针是面向劳苦大众,全校师生发扬勤俭办学的艰苦精神,使贫家子弟都有入学的机会。①

杜岚的办学精神领导下,濠江中学的老师决心献身教育事业,为国家培育有用的人才,对微薄的待遇毫不计较,彼此团结互助,全心全意坚持工作。例如,当时学校经济困难,教师的薪金十分微薄,在校住吃的每月薪金只有五元,不在校住吃的是十元,而一般学校的小学教师最低也有二三十元的收入,中学老师约四五十元。又如,1943年年初,经过多方筹措,学校改办为"免费中学"收纳贫苦人家的少年儿童入学,免却他们因无力缴付学费而失学。当时,杜岚夫妇四方奔走,张罗办学经费,得到了广东著名画家高剑父、沈仲强、何磊等人热心绘画捐赠,组织义卖筹款。那种全心办学、无私奉献的行动,令人们非常感动。连澳督戴思乐也掏出1200元买了一幅画支持濠江中学。在最艰难的时期,黄宝娇董事长接连卖掉五座房子来支持办学。

杜岚夫妇还多方设法,为学生寻求勤工俭学的途径,尽力协助学生当散工、擦皮鞋、卖报纸和依靠一些手工劳动的收入,补助家庭生活。这样既锻炼他们独立生活的能力,培养他们克服困难的意志,又能培养他们奋发求学的自觉精神。

---

① 杜岚:《回顾与展望》,《濠江中学六十周年校庆特刊》,1992年,第4页。

第七章

结　　语

　　中国内地在这时期的政治转变，也改变了澳门教育界对内地教育的看法。1978年中国内地提出四个现代化的口号，推行改革开放政策。1978年新建将近200所高校并且扩大招生，计划在1985年学生可到达250万至300万人。整体来说，是把"文革"时期教育的不合理情况改正过来。学习年限延长了，恢复入学考试，确定八十八所重点大学给予支援。阶级出身、政治纯洁性及劳动表现对入学不再起作用。这些政策使人们对中国教育的信心日渐恢复。[①] 1983年教育部及文化部宣布《1983年全日制高等教育招考新生的规定》，暨南大学大及华侨大学在香港及澳门设考场。澳门中华教育会代办内地大学在澳门招生工作。1985年北京大学、复旦大学、中山大学、华南理工学院、深圳大学、中山医学院扩大招生，1986年共在港澳区招生800多人。暨南大学及华侨大学招港澳生2300多人。1989年开始，分普通高校、暨大及华侨大学两次考试。澳门报考人数，分别是163人及314人。到了2000年，报考人数分别增至1034人及1224人。[②] 前往中国内地升学人数增加，单是前往暨大及华侨大学的

　　[①] 吉尔伯特·罗兹曼编：《中国的现代化》（*The Modernization of China*），国家社会科学基金"比较现代化"课题组译，江苏人民出版社1988年版，第550页。
　　[②] 刘羡冰：《世纪留痕——二十世纪澳门教育大事志》，第110页。

升学人数，已渐渐超过台湾。①

随着中国改革开放取得成功，澳门回归日近，人们对中国的信心亦日渐加强。内地相应推出多项措施为澳门培养人才，例如每年内地的重点大学，都接受澳门各中学免试推荐的优秀毕业生。②

此时，社会各界人士及校董会更支援杜岚及濠江中学的发展。澳葡政府亦对她的教育工作，赞赏认同。1985年，她荣获澳督颁发的"教育劳绩勋章"。另外，政府需要这些老教育家为过渡期的教育改革，为如何培养治澳人才等教育问题提供意见，杜岚的事业因此再进一步，除了濠江的校务外，更要考虑到国家及澳门的未来。例如她对教师素质、教师待遇、教学资源、公民教育、中文教育、学位不足等问题，向社会及政府提出金石良言，贡献良多。1994年，杜岚出席在苏格兰举行的"第21届国际名人文化交流会"，名字载入《世界名人录》，事业可以说到了高峰。

2013年3月29日上午7时40分杜岚因多种功能综合衰竭，于镜湖医院辞世，积闰享寿104岁。行政长官崔世安、中联办负责人及中华教育会负责人当天分别发唁电，沉痛哀悼这位数十年为教育事业任劳任怨、呕心沥血、贡献良多的澳门资深教育工作者。

杜岚女士在过身前，功绩及称誉甚多，为澳门教育劳绩勋贤、澳门特区教育功绩勋贤、著名教育家、爱国爱澳社会活动家、第六届广东省人大代表、前澳门政府教育委员、前中华教育会理事长、妇联总会创始人之一兼名誉主席、中华教育会名誉顾问、妇联总会名誉顾问、中山市华侨中学校董会名誉顾问、中山同乡会监事、濠江中学前校长、名誉校长。

---

① 周正伟：《香港地区学生赴两岸升读专上校院之分析研究》，《亚洲研究》第27期，香港：珠海书院亚洲研究中心，1998年，第94—95页。

② 邓开颂、黄鸿钊、吴志良、陆晓敏主编：《澳门历史新说》，花山文艺出版社2000年版，第827页。

杜岚女士治丧委员会成立后，于4月8日在报章刊登讣告，赞扬杜岚女士爱国、爱澳、爱乡，热爱教育，关爱学生，以赤子之心、巾帼豪情，倾毕生精力，为中华民族的伟大复兴，为澳门的顺利回归及特区的繁荣兴旺，为教育事业的持续发展作出突出贡献。杜岚女士的慈爱宽容，感化了万千学子积极进取；杜岚女士的坚毅执着，感染着教育同仁努力奉献；杜岚女士的豪情胆识，激励着爱国同胞奋发有为。今溘然辞世，各界友好深感悼惜。

治丧委员会4月11日于镜湖殡仪馆福寿堂为杜岚女士设灵治丧，翌日上午11时举行公祭，随即辞灵出殡，奉柩新西洋坟场安葬。治丧委员会由何厚铧出任主任委员，副主任委员包括白志健、胡正跃、冼为坚、吴福、陈瑞球、许世元、何厚镗、崔世昌、廖泽云、霍震霆、马有礼、张裕、贺定一、李沛霖、何雪卿、姚鸿明。委员：尹君乐、文静、王彬成、王孝行、王世达、朱锦凤、何少金、何玉棠、何华添、余金晃、余健楚、吴小丽、吴仕明、吴立胜、吴志良、吴培娟、吴汉畴、岑铭本、李成俊、李莱德、李金培、李汉基、李鹏翥、冼为铿、招银英、林金城、林婉妹、林显富、林加良、姚汝祥、胡顺谦、唐志坚、唐锡根、容永恩、徐达明、马志达、高开贤、高铨基、崔世平、梁华、梁仲虬、梁庆庭、许健康、陆波、陈少雄、陈志杰、陈明金、陈健英、陈虹、陈步倩、陈裕华、陶曼莹、冯志强、冯翠屏、常毓兴、区天香、区金蓉、黄如楷、黄升雄、黄保铨、黄枫桦、黄显辉、黄有力、黄炎生、张丽玛、凌丽敏、康显扬、杨秀雯、杨俊文、杨灿基、刘衍泉、刘焯华、刘锦钊、刘晓航、刘艺良、刘羡冰、刘智丹、刘林强、刘嘉翀、阎红、欧宇雄、蔡冠深、郑志民、郑仲锡、郑棣发、邓剑群、黎振强、黎柏强、钱明、卢伟硕、卢德华、萧德雄、萧琥珀、赖展京、霍文逊、谢硕文、魏荣海、邝达财、邝秉仁、罗德明、苏树辉。①

---

① 《澳门日报》2013年4月11日。

附 录

杜岚校长大事年表

年份	事 件
1914	出生在陕北米脂黄土高原红崖圪村,原名杜芳铭,又名杜晓霞
1924	进入乡村附近的桃镇小学上学
1925	米脂石坡女高小读三年级
1928	秋,跳级考进了堂叔杜立亭在米脂开办的三民二中中学
1929	秋,榆林女三师就读
1930	秋天,转入绥德陕西省立第四师范就读。 冬天,瓦窑堡女子高小任教师。 营救陕北特委书记张德生成功,被称为"陕北最勇敢的女孩"
1932	春天,到山西省汾阳铭义中学就读。是反帝的爱国活动骨干和活跃分子
1933	秋,经过全省中学会考,接过学校颁发的毕业文凭。先后进北京平民大学附属中学和中国大学教育哲学系就读,同时积极参加"反帝大同盟"和"互济会"的活动
1934	春天,被北京警备司令部逮捕扣押。10月,被送往苏州反省院
1935	出狱后到上海,参加了号称"七君子"沈钧儒、邹韬奋、李公朴、章乃器、史良、沙千里、王造时所领导的全国各界救国联合会的活动
1936	进入范长江、何思敬等人主办的、附设《大众报》的新闻学院。10月23日,和黄健结婚。来澳门后,即参加了澳门镜湖医院柯麟院长主办的"救护训练班"学习。她以不畏山岚瘴气的伟大气魄的含意,取名杜岚,从此扎根于澳门
1937	在濠江中学任教,年底,濠江中学兼办了免费女工识字夜校,担任夜校主任
1938	10月广州沦陷,逃难来澳门的内地同胞激增,积极支持黄健校长扩充班级。扩展了近西街中学部并在惠爱街32号设立小学分校
1941	冬,香港沦于日寇。澳门中立。政府明令"学校的一切活动,不能带有政治色彩"。濠江中学的处境更险恶,把近西街和天神巷的中学部,迁回镜湖马路与小学部合址,以减省经济开支

续表

年份	事 件
1943	年初，学校又改办为"免费中学"收纳贫苦人家的少年儿童入学。得到了广东著名画家高剑父、沈仲强、何磊等人热心绘画捐赠，组织义卖筹款
1945	8月15日，日寇宣布无条件投降。国民党特务和地方恶势力互相勾结，杜岚和老师们也常被跟踪监视
1946	黄健校长被邓达生诬告买船未付款，企图通过法院加罪来达到搞垮濠江中学的目的，杜岚带领全校师生揭露事实的真相
1947	杜岚接任校长的职务。当时原有的教师纷纷离校回内地工作，学校聘请圣罗撒中学的教导主任朱伯英当名誉主任，并请名校的体育和各科教师来兼课以扩大团结面
1949	在学校举办了多期的青年培训班，向他们讲授《新民主主义论》。10月1日，澳门在历史上的第一面五星红旗在濠江中学升起
1950	学校积极进行扩建工作，艰辛地觅得螺丝山脚下的岐关车场作为建中学的地址
1952	兴办简易师范班，培训20多人，补充小学师资
1953	创办高中部
1954	何贤先生任董事长。再度扩充校舍、增加设备等。扩建小学部和幼稚园
1955	当时中学部、小学部、幼稚园的学生人数不断增加，已达1200人
1956	建成一座可容1400人的礼堂和教学大楼；培养出第一届高中毕业生
1957	何贤董事长捐资建立以他的父亲何澄溪先生命名的纪念堂作图书馆；同时又兴建两座校舍
1959	铲平山岗建成宿舍大楼，改善了寄宿生的居住环境
1960	建成A座教学大楼
1965	印尼排华，几百名印尼华侨学生要求入学住宿，同时，柬埔寨、泰国等东南亚地区的青年也纷纷来校要求寄宿就读。在原有的宿舍上加盖三层，大量接纳海外寄宿生
1966	"文化大革命"时遭到非议，仍坚持爱国教育
1967	中学部兴建实验大楼，并在宿舍大楼二楼之上加建一层，供日渐增加的寄宿生居住
1973	12月，礼堂大楼举行落成典礼
1978	在校董会、何贤董事长积极赞助之下，建成两个电化教室。小学部、幼稚园亦增加设备。全校学生多达2800人
1982	何贤先生在濠江中学五十周年校庆大会发言，肯定濠江中学对澳门教育的贡献。学生2300人，教职员104人
1985	荣获澳督颁发的"教育劳绩勋章"

续表

年份	事　件
1992	马万祺先生在濠江中学六十周年校庆大会上，阐述学校在澳门推行六十年的爱国主义教育，为澳门、为祖国培育了大量人才 国家教委、港澳台办公室邀请澳门教育司司长带领澳门中学校长，出发访问北京、上海高校和中、小学。杜校长也有参加
1994	出席在苏格兰举行的"第 21 届国际名人文化交流会"，名字载入《世界名人录》
1995	澳门总督授予濠江中学文化功绩勋章
1996	氹仔分校建立
2000	转任名誉校长。国家主席江泽民亲临濠江中学视察
2013	于澳门镜湖医院辞世